QUE DEVIENNENT

LES FONDS CONFIÉS A L'ÉTAT

ET QU'EN FAUT-IL-FAIRE?

UN CHAPITRE DU PROGRAMME ÉCONOMIQUE ET FINANCIER

DE LA DÉMOCRATIE FRANÇAISE

PAR

M. GUSTAVE HUBBARD

PRIX : 1 FR. 50

PARIS

E. DENTU, LIBRAIRE-ÉDITEUR

PALAIS-ROYAL, GALERIE D'ORLÉANS, 17 ET 19

1884

LES FONDS CONFIÉS A L'ÉTAT

ET QU'EN FAUT-IL FAIRE?

OUVRAGES DU MÊME AUTEUR

De l'organisation des sociétés de prévoyance et de secours mutuels, et des bases sur lesquelles elles doivent être établies. 1 vol. in-8°, chez Guillaumin et Ce.............................. 7 fr. 50

Saint-Simon, sa vie et ses œuvres, suivi des fragments des plus célèbres écrits de Saint-Simon. 1 vol. grand in-18, chez Guillaumin........................... 3 fr.

Histoire de la littérature contemporaine en Espagne. 1 vol. in-8°, chez Charpentier.................................... 3 fr. 50

Histoire contemporaine de l'Espagne. 6 vol. in-8°, chez Charpentier, à 7 fr. 50 le volume............................. 45 fr.

PARIS. — TYPOGRAPHIE A. HENNUYER, RUE DARCET, 7.

QUE DEVIENNENT

LES FONDS CONFIÉS A L'ÉTAT

ET QU'EN FAUT-IL FAIRE?

UN CHAPITRE DU PROGRAMME ÉCONOMIQUE ET FINANCIER

DE LA DÉMOCRATIE FRANÇAISE

PAR

M. GUSTAVE HUBBARD

PARIS

E. DENTU, LIBRAIRE-ÉDITEUR

PALAIS-ROYAL, GALERIE D'ORLÉANS, 17 ET 19

1884

QUE DEVIENNENT

LES FONDS CONFIÉS A L'ÉTAT

ET QU'EN FAUT-IL FAIRE?

Le travail que je présente aujourd'hui au public n'est que la préface d'une œuvre qui est à accomplir et qui jusqu'ici a fait complètement défaut au parti républicain.

Je veux parler du programme économique et financier de la démocratie française.

Certes, le programme est vaste et présente de graves difficultés ; car il doit comprendre les réformes fiscales, le régime douanier, les solutions à donner à la question des transports, à celle du crédit public et à celle des institutions de prévoyance.

Et cependant, malgré tout, il faut le déterminer ; car il est plus que probable que c'est d'après la façon dont il sera compris par chacun qu'arriveront à se dessiner les deux grandes fractions entre lesquelles l'opinion publique doit se diviser naturellement pour rendre possible, sous la république, la transition facile des régimes de stabilité aux régimes de réforme active.

Je n'ai point l'intention de toucher aux réformes fiscales ; la façon dont elles doivent être poursuivies a été développée dans un rapport devenu célèbre présenté par Gambetta à la commission du budget de la Chambre républicaine de 1876, rapport qu'il m'a paru seulement utile de réimprimer à la suite de ce travail. La politique financière qu'il consacre, connue sous le nom de politique de dégrèvement, a assuré pendant trois années la prospérité financière de la France ; cette politique a été malheureusement oubliée, abandonnée, trahie, le jour à jamais néfaste où, par l'acclamation du vaste plan de travaux publics connu sous le nom de *plan Freycinet,* plan mal conçu, mal combiné, toutes les ressources de la France, après une guerre qui avait coûté plus de 8 milliards, à l'aurore d'une série de mauvaises années, ont été livrées aux ingénieurs et aux entrepreneurs de travaux publics.

Je ne veux point, non plus, m'occuper de la législation douanière. En face du traité de Francfort, du système protecteur des États-Unis d'Amérique et de l'Allemagne, et des conditions spéciales où se trouve l'Angleterre vouée au libre échange, j'estime que la France n'a pas à conclure aujourd'hui en faveur d'un système général de protection ou de libre échange. Ni l'un ni l'autre de ces deux régimes ne lui convient absolument ; elle est condamnée à suivre pendant quelque temps une politique toute de circonstances et d'expédients, dans laquelle, tenant compte de la conduite des divers pays avec lesquels elle fait ses échanges, elle cherchera autant que possible, d'une part, à s'assurer la vie à bon marché, d'autre part, à conserver sur son territoire la plus grande somme possible de travail industriel.

Je laisserai aussi de côté la question des transports.

Ce sont les conséquences désastreuses du plan Freycinet qui ont obligé, dans ces derniers temps, à signer de nouvelles conventions avec les compagnies de chemins de fer. On avait exagéré à tort la nécessité de construire de nouveaux réseaux ; cette nécessité était loin d'exister. L'œuvre de la construction des chemins de fer doit être considérée comme accomplie en ce qui concerne l'État ; ce qui reste à faire ne regarde plus que les intérêts des particuliers, des communes, des départements, et peut être exécuté par l'industrie privée.

Quant à l'État, c'est à s'emparer de toutes les grandes artères que doit tendre son effort ; car, en fait de communications par chemins de fer, il en est comme en fait de routes. Les grandes artères doivent être à tous, et à ce titre être exploitées par l'État ; il n'y a point d'inconvénient à laisser toutes les lignes secondaires à l'industrie privée, mais en ayant toujours soin qu'on ne puisse jamais empiéter sur les voies de grande communication. Les républicains ne peuvent songer à laisser les grandes compagnies, par la possession des tarifs, maîtresses absolues de l'industrie en France ; c'est un état de choses qui tôt ou tard leur porterait un grave préjudice ; et il est fort à regretter qu'au moment où l'on signait de nouvelles conventions on n'ait pas su, en agrandissant davantage le réseau de l'État, en rachetant au moins les lignes de la compagnie d'Orléans, préparer la réalisation du rachat général qui s'impose absolument. La possession des grandes artères et le rachat par l'État ne sont pas les seules préoccupations qui doivent dominer en matière de transports ; tous nos efforts doivent tendre à les rendre meilleur marché, et il ne faut pas que la préoccupation de créer des lignes ferrées, même dans les centres les plus éloignés où il n'y a que peu de produits à transporter, fasse négliger et l'outillage de nos grands ports et l'amélioration des canaux pour les marchandises encombrantes.

Je crois qu'il est du plus haut intérêt que les partis politiques prennent position sur ces diverses questions ; mais ce n'est pas sur elles que je veux attirer aujourd'hui l'attention de mes lecteurs.

L'objet que je me suis proposé se rattache à la fois à une meilleure organisation du crédit public et au développement des institutions de prévoyance ; il touche à ces deux ordres d'idées.

Refondre d'un seul jet la Société par voie législative est un rêve qui, depuis 1848, ne hante plus que les cervelles mal équilibrées ; les dures expériences par lesquelles nous avons passé nous ont appris que l'absolu n'est pas de ce monde, qu'il faut rester dans le contingent et le relatif, et qu'il n'y a de durable que ce qui est fait patiemment, sous l'action combinée des penseurs de talent, des politiques d'initiative et de bonne volonté, et des travailleurs persévérants s'acharnant à un but quelconque, agricole, industriel, commercial, littéraire ou artistique.

Aussi ne craignons-nous pas d'aborder les questions par leur côté pratique au lieu de nous jeter dans de vagues théories qui ne conduiraient à aucun résultat.

On a eu tort, croyons-nous, dans le parti de la république et de la démocratie, de ne vouloir jamais donner qu'une importance secondaire au côté pratique des questions. Au lieu de discuter longtemps pour savoir s'il fallait créer des sociétés coopératives de consommation ou de crédit, ou de production, n'aurait-il pas mieux valu en créer un très grand nombre de toutes sortes ?

La marche en avant de notre démocratie, ou son recul, dépend par-dessus tout de la manière dont seront comprises et résolues par elle les diverses questions que nous avons indiquées.

N'est-il pas évident, en effet, que certaines dispositions fiscales, par exemple un développement exagéré donné aux contributions indirectes, peuvent gêner les classes qui vivent exclusivement des produits de leur travail, dans leurs progrès ascendants vers l'aisance et le bien-être ?

N'est-il pas évident que le régime trop protectionniste de Louis-Philippe favorisait la création, en France, d'une aristocratie de filateurs, de maîtres de forges et de propriétaires de mines de charbons; de même que, plus tard, le régime trop libre échangiste de l'empire était organisé pour l'avantage exclusif d'une nouvelle classe de banquiers, commerçants et transporteurs?

N'est-il pas évident qu'en livrant les tarifs des transports à cette même classe de banquiers transporteurs, on déposait volontairement entre ses mains tous les moyens les plus rapides d'enrichissement?

N'est-il pas évident qu'en faisant offrir par l'État, pour toutes les entreprises, des subventions, des garanties d'intérêt, les gouvernants se réservaient pour ainsi dire le droit de désigner les familles appelées à faire partie de la nouvelle aristocratie financière?

N'est-il pas également certain que le capital français est déjà assez abondant pour qu'on puisse compter sur son concours dans des entreprises raisonnables, sans avoir besoin de le garantir à l'avance contre tous les risques?

Enfin, n'est-il pas évident que si aucune protection n'est due par l'État aux capitaux de la haute banque, une attention spéciale doit être accordée par l'État aux capitaux destinés à servir à l'élévation progressive des classes laborieuses, c'est-à-dire aux capitaux qui constituent leur premier pécule, qui leur assurent les moyens de se garantir contre les principales causes de misère : la maladie, l'infirmité, le chômage, ou qui peuvent fournir à leurs vieillards les moyens de vivre lorsque l'âge leur a rendu le travail impossible? N'est-il pas évident qu'une sécurité entière donnée à ces capitaux, qu'un emploi judicieux, fécond, avantageux, qui serait fait d'eux, constituerait un avantage sérieux pour la démocratie ?

Si tout cela est évident, comment se fait-il donc que, dans les préoccupations générales de la politique, il ne soit jamais donné qu'un rang secondaire à toutes ces questions dans lesquelles se joue réellement l'avenir de notre société moderne?

Ou le progrès n'existe pas, ou les luttes pacifiques doivent se substituer, sous l'action du temps, aux luttes violentes. Mais pour que les luttes pacifiques aboutissent à un résultat, encore faudrait-il qu'on connût bien à l'avance les points sur lesquels elles doivent porter.

La démocratie française a remporté deux grands triomphes dans la deuxième moitié du dix-neuvième siècle : l'un est le suffrage universel ; l'autre, son corollaire indispensable, le développement donné à l'instruction publique.

Il lui faut maintenant aborder franchement le problème économique et travailler à ce que la société, au lieu de fonctionner dans une direction qui aboutira fatalement à une féodalité financière, marche dans une voie qui assure l'indépendance, le bien-être et l'existence du plus grand nombre.

Nous voudrions pour notre part contribuer à bien déterminer cette orientation, et c'est cette intention qui nous a mis la plume à la main.

Nous nous sommes donc demandé à nous-même une solution aux questions suivantes :

1° Quelle est l'importance des fonds confiés à l'État soit volontairement, soit obligatoirement et donnant droit soit à un intérêt annuel, soit au payement futur d'une pension viagère ou d'un capital payable en une circonstance donnée ?

2° Comment l'État emploie-t-il ces fonds ?

3° L'emploi actuel est-il favorable aux finances de l'État et calculé pour le développement progressif de la démocratie française ?

4° Ne conviendrait-il pas que des dispositions législatives vinssent régler l'emploi de ces fonds ? Ne pourrait-on garantir d'une façon plus sérieuse leur disponibilité permanente ? Ne pourrait-on les maintenir dans la circulation générale afin qu'ils pussent gagner eux-mêmes la rémunération à laquelle ils ont droit ? Ne pourrait-on empêcher qu'ils ne s'acccumulent dans les caisses du Trésor où ils ne servent qu'à pousser le gouvernement soit à des expéditions militaires hasardeuses, soit à des travaux improductifs ?

A ceux qui voudront bien nous suivre dans l'examen détaillé des questions que nous venons de poser, nous espérons démontrer que les dispositions d'aujourd'hui sont absolument contraires à notre prospérité financière, qu'on peut et qu'on doit employer d'une manière plus sûre et plus fructueuse tous les capitaux confiés à l'État, qu'il y a là une réforme nécessaire à accomplir, qu'elle s'impose à tous les hommes d'État, et qu'elle doit être inscrite en tête du programme économique et financier de la démocratie française.

I

QUELLE EST L'IMPORTANCE DES FONDS CONFIÉS A L'ÉTAT?

Les capitaux volontairement ou obligatoirement déposés entre les mains de l'État se concentrent aujourd'hui soit au Trésor public, soit à la Caisse des dépôts et consignations.

Il suffit donc, pour avoir une idée exacte de leur importance, des individualités et des collectivités dont ils émanent et à qui ils appartiennent, d'examiner d'une part les services spéciaux du Trésor, et d'autre part les comptes trimestriels de la Caisse des dépôts.

1° Trésor.

Voici, d'après le tableau de la dette flottante, publié dans le projet de budget de l'exercice 1884, quel était, au 1er janvier 1883, l'état des divers comptes créanciers du Trésor.

Nous ne mentionnons que ceux qui portent intérêt; ceux qui n'en reçoivent pas n'ont pas la même importance; ils s'élevaient seulement à cette même époque à 65 millions, et nous n'avons pas à nous occuper d'eux pour le but que nous poursuivons.

Comptes des trésoriers payeurs généraux...	64 813 300
Fonds des communes (départements).......	202 125 000
Fonds de la ville de Paris n° 1.............	30 000 000
— — n° 2.............	35 000 000
Fonds des établissemˢ publics (des départˢ..	50 773 800
(de Paris....	14 345 800
Trésorier général des invalides de la marine.	4 172 000
Tontines, fondations d'instruction publique, pompes funèbres ...,....................	234 200
Bons du Trésor en circulation............	2 600 800
	404 064 900

La somme complète au tableau de la dette flottante de la dette portant intérêts est beaucoup plus élevée ; elle atteint 1 616 703 200 francs ; mais comme la différence porte exclusivement sur le compte courant de la Caisse des dépôts et consignations, et que nous allons le retrouver tout à l'heure quand nous étudierons l'ensemble des capitaux déposés à cette caisse, nous devons la négliger pour le moment.

Les besoins du service de trésorerie et les nécessités de notre administration financière nous paraissent imposer l'obligation de ne détacher en aucune circonstance de la caisse du Trésor les sommes déposées en compte courant par les trésoriers-payeurs généraux et les capitaux provenant des bons du Trésor en circulation. Il y a donc lieu de déduire un peu plus de 67 millions de l'ensemble des comptes courants que nous avons énumérés, et cette diminution le réduit à 336 650 800 francs ; mais il conviendrait d'ajouter d'autres créances qui figurent aux services spéciaux, à savoir :

1° Cautionnements en numéraire............ 312 238 369
2° Service local des colonies..............   20 257 001
3° Caisse de réserve des colonies.........   2 909 812
4° Fonds de concours pour dépenses d'inté-
    rêt public..........................   16 207 648
                              351 612 830
Nous nous trouvons alors, en ajoutant les.. 336 650 800

de la dette flottante, en face d'un total de 688 263 630
versés volontairement ou obligatoirement dans les caisses
du Trésor par des particuliers, des établissements ou de
grandes corporations, dans un but d'intérêt privé ou
public.

Cette somme de 688 millions ne varie que dans de
très faibles proportions; on peut la considérer
comme une ressource normale restant toujours entre
les mains de l'État qui, au moment même où il est
appelé à rembourser une des quantités qui la com-
posent, en reçoit presque toujours d'autre part une
autre quantité équivalente.

2° Caisse des dépôts et consignations.

Abordons maintenant la Caisse des dépôts et consignations.

Ici nous nous trouvons en face de chiffres bien
plus importants, et ce qu'il importe dès l'origine de
constater, c'est qu'avec le temps ces chiffres sont bien
plutôt destinés à s'accroître qu'à diminuer. N'est-il
pas souvent parlé de la création de deux nouvelles
institutions qui fonctionneraient dans le sein de cette
Caisse à côté de celles déjà existantes : la caisse de
prévoyance des fonctionnaires civils et la caisse de la
participation aux bénéfices ?

Constatons d'abord qu'il existe dans cette caisse une catégorie de dépôts volontaires; elle est aujourd'hui fort peu considérable puisque ceux-ci n'atteignent que 9 millions et demi (1). Mais il ne faut pas oublier qu'on pourrait la développer par de simples bonifications dans le taux de l'intérêt.

La catégorie qui par son importance domine toutes les autres est celle des caisses d'épargne privées; elle dépassait, au 1er janvier 1883, le chiffre énorme de 1771 millions. Pour apprécier d'un seul coup d'œil avec quelle rapidité ce chiffre peut encore s'accroître, il suffit de constater que, pendant la seule année 1882, les versements se sont élevés à 413 millions et les remboursements à 68 seulement. On voit dans quelles proportions gigantesques l'État puise annuellement avec cette pompe dans le grand réservoir de l'épargne nationale.

L'année 1883 est bien loin de ressembler à celle qui l'a précédée. Nous sommes en pleine crise. Si le premier trimestre a donné encore un excédent de 30 millions des versements sur les retraits, il y a eu, au contraire, dans le deuxième un excédent des retraits de 27 millions, et dans le troisième de 13.

---

(1) En ce qui concerne la Caisse des dépôts, nous prenons nos chiffres dans les états trimestriels de cette caisse relatifs à l'exercice 1882, publiés par le *Journal officiel*. Au moment où nous écrivons, le rapport de la commission de surveillance relatif à l'exercice 1882 n'a pas encore été publié; nous n'avons que celui de l'exercice 1881.

Nous ne donnons les chiffres que par millions, les démonstrations que nous nous proposons de faire n'exigeant pas une plus grande approximation.

Nous n'avons pas le chiffre exact du quatrième trimestre, mais tout fait supposer que les retraits y
ont été encore supérieurs aux versements de quelques millions.

La loi qui a organisé la caisse d'épargne postale et
qui n'a rien décidé au sujet de l'emploi des fonds appelés à s'y accumuler, a créé un nouvel état de choses
encore plus favorable au mouvement qui fait venir
directement aux mains de l'État les petites épargnes.
Nous ne sommes encore qu'aux premiers jours de
cette importante institution, et cependant, à la fin de
la première année d'exercice, à la date du 31 décembre 1882, la somme déposée à la Caisse d'épargne
postale s'élevait déjà à 46 800 000 francs, déduction
faite des remboursements effectués. La Caisse des dépôts, dans son compte courant de numéraire avec la
Caisse d'épargne postale, n'apparaît que comme débi-
trice d'une somme de près de dix millions de francs ;
c'est que le reste, au 1er janvier 1882, avait déjà été
transformé en inscriptions de rentes.

Un autre élément, venant des classes de la société
les moins favorisées de la fortune, vient encore grossir
le capital de la Caisse des dépôts : ce sont les sommes
données aux sociétés de secours mutuels, ou amas-
sées par elles, soit pour leurs besoins journaliers, soit
pour assurer un fonds de retraite à leur profit. La
Caisse détient d'une part la dotation de 10 millions
qui leur a été attribuée en 1852, et d'autre part leur
fonds de dépôt, qui atteint 13 600 000 francs, et enfin
un fonds de retraite dont l'importance est de 23 mil-

lions. C'est un total d'environ 46 millions qu'il faut compter de ce chef.

Voilà donc déjà, pour la première section de la Caisse comprenant les quatre catégories suivantes : dépôts volontaires, caisses d'épargne privées, caisse postale, sociétés de secours mutuels, un capital de 1 872 millions et demi, à demeure dans la Caisse des dépôts et consignations.

Nous rangerons dans une autre section trois autres catégories qui ne sont pas sans importance. L'une d'elles, celle des consignations judiciaires et administratives, porte sur un mouvement de fonds qui a atteint 283 millions en recettes, 200 millions en dépenses pendant l'exercice 1882. Comme au 31 décembre 1881, le solde en faveur des consignations atteignait 331 millions, on arrive, pour apprécier l'importance de la catégorie, en ajoutant le surplus de 1882, à un solde de 414 millions au 1er janvier 1883. Les deux autres catégories de cette deuxième section comprennent les dépôts faits par les soumissionnaires de travaux, fournitures et marchés, et enfin quelques dépôts d'établissements publics qui se font à cette caisse plutôt qu'au Trésor par désignation de la loi. Ces deux dernières catégories ont un mouvement annuel de recettes et de dépenses qui s'équilibre aujourd'hui presque complètement ; elles possèdent pourtant un stock qui reste presque immuable, et qui s'élève pour les cautionnements de soumissionnaires à 18 millions, pour les établissements à près de 15 millions. Nous nous trouvons donc, pour la deuxième section, en face d'une existence de fonds accumulés à la Caisse qui atteint 417 millions.

Depuis la création de la caisse de retraites pour la vieillesse, de la caisse des accidents et de la caisse en cas de décès, l'État s'est fait assureur ; moyennant la remise de certaines primes, il s'engage à payer soit une certaine somme quand vient à s'accomplir la condition expresse d'un contrat, soit une rente viagère à partir d'un certain âge.

Nous pouvons ranger dans une troisième section, sous la rubrique *Assurances*, tout ce que l'État a déjà reçu à ce point de vue ; et de ce chef nous trouvons pour la caisse de retraites un capital dépassant 520 millions ; pour la caisse des décès une simple somme de 60000 francs, et pour celle des accidents environ 3 millions et demi. Cette section possède dès aujourd'hui à la Caisse des dépôts une somme de plus de 523 millions et demi, d'autant plus utile à étudier qu'elle doit plus tard être remboursée aux déposants dans des conditions avantageuses pour eux, et que l'État est exposé à des pertes considérables s'il n'a soin de placer l'argent de manière à bénéficier véritablement de l'intérêt composé qu'il s'est engagé à payer à ses créanciers.

On pourrait, aux trois sections que nous venons d'énumérer, en ajouter une quatrième et dernière qui comprendrait tous les comptes spéciaux qui sont ouverts à la Caisse des dépôts et consignations pour la dotation de l'armée, pour les offrandes nationales, pour la Légion d'honneur, les chemins vicinaux et la caisse des lycées, collèges et écoles primaires. Mais les fonds qui, pour ces diverses causes, entrent à la Caisse et sont distribués par elle, n'ont pas le caractère des précédents ; ce sont, pour la plupart, des fonds venant de subventions de l'Etat et entrant à la Caisse pour y être répartis à certains individus, établissements ou corporations ; ce ne sont pas pour nous ce que nous appellerions volontiers des *créances actives*. Nous ne cherchons pas à accroître démesurément les chiffres que nous soumettons au public ; ce qui nous importe, c'est de faire toucher du doigt une situation très difficile, grosse de périls pour l'avenir, et nous aimons mieux laisser de côté certains faits qui pourraient appuyer la thèse que nous soutenons que d'être accusé de la moindre exagération.

En somme, les capitaux volontairement ou obligatoirement remis à l'Etat suivant le tableau qui résume toute notre analyse et que nous publions aux annexes, s'élèvent à la somme de 2 842 860 000 francs (1).

(1) Voir Annexe n° 2.

II

COMMENT L'ÉTAT EMPLOIE-T-IL LES FONDS QUI LUI SONT CONFIÉS?

Toutes les sommes confiées au Trésor constituent ce qu'on appelle les ressources de la dette flottante et servent, d'une part, à faire face aux découverts du budget, et, d'autre part, à fournir des avances pour les comptes spéciaux que la Trésorerie est autorisée à ouvrir.

On peut voir par le tableau que nous donnons plus loin que l'effectif total de ces découverts dépassait, au 1ᵉʳ janvier 1883, 809 millions, et comme cette somme est supérieure à l'intégralité des capitaux confiés directement au Trésor sous condition de remboursement, il reste acquis que ceux-ci se trouvent entièrement absorbés par cet unique emploi.

Occupons-nous alors des sommes confiées à la Caisse des dépôts et consignations.

En ce qui concerne celles-ci, on sait qu'en vue des dépenses du compte de liquidation (deuxième partie), il a été émis des obligations à court terme pour le payement desquelles on a employé les fonds remis en compte courant au Trésor par la Caisse. Au 1ᵉʳ janvier 1883, ce compte courant dépassait le chiffre de 1 200 millions. Or, par la loi du 28 décembre 1882, le gouvernement a été autorisé à consolider jusqu'à 1 200 millions provenant de ce compte en 3 pour 100 amortissable ; c'est-à-dire que dorénavant cette somme figurera sous forme d'amortissable dans le portefeuille de la Caisse ; que celle-ci ne pourra plus réclamer au Trésor, en cas de demandes de remboursement, les sommes qu'elle y a versées ; qu'elle devra faire face désormais à toutes les sollicitations avec la valeur qui lui est remise, et courir, quant au capital, toutes les chances de hausse et de baisse auxquelles elle est exposée (1).

Nous discuterons tout à l'heure les avantages et les inconvénients de cet emploi ; actuellement, nous n'avons qu'à le constater.

La loi qui a autorisé la consolidation des capitaux de la dette flottante jusqu'à concurrence de 1 200 millions n'est pas restrictive aux caisses d'épargne pri-

---

(1) Les articles 6 et 7 de la loi portant fixation du budget des dépenses sur ressources extraordinaires de l'exercice 1883 sont ainsi conçus :

Art. 6. Le ministre des finances est autorisé à inscrire au grand-livre de la Dette publique des rentes 3 pour 100 amortissables, dont il ne pourra être fait emploi que pour la consolidation des capitaux de la dette flottante énumérés à l'article suivant, jusqu'à concurrence de la somme de 1 200 millions dc francs. Ces rentes seront semblables à celles dont la création a été autorisée par la loi du 11 juin 1878. La portion de cette somme qui excédera les dépenses mentionnées à l'article précédent sera portée en recette au budget sur ressources extraordinaires de l'exercice 1883.

Art. 7. Le ministre des finances est autorisé à consolider, en rentes 3 pour 100 amortissables, les fonds versés au Trésor par la Caisse des dépôts et consignations, tant pour son propre compte que pour celui des différentes caisses dont elle a la gestion.

vées ; elle s'étend à tous les fonds versés au Trésor en compte courant, par la Caisse des dépôts, tant pour son propre compte que pour celui des différentes caisses dont elle a la gestion. Comme nous n'avons pas encore à notre disposition le bilan de la Caisse des dépôts et consignations de la fin de l'exercice 1882, nous ne pouvons faire connaître la composition détaillée de son portefeuille au 1ᵉʳ janvier 1883, portefeuille dans lequel doit se trouver la représentation exacte des 942 860 000 francs, différence entre le chiffre des capitaux employés que nous venons de signaler et celui des capitaux effectivement reçus (1). Nous trouvons cependant quelques indications dans le rapport de la commission de surveillance sur l'exercice 1882, où nous trouvons le montant des rentes achetées pour le compte des déposants aux caisses d'épargne et à la caisse des retraites.

Il en résulte que, d'une part, la Caisse avait acheté et gardait en portefeuille, pour le compte de 500 540 déposants, 19 098 661 francs de rente, qui lui avaient coûté en capital 410 320 509 francs.

Elle avait, d'autre part, avec les capitaux provenant de la Caisse des retraites, acheté 11 291 024 francs de rentes pour 250 711 568 francs, et amorti 9 748 060 francs de rentes avec un autre capital de 219 899 533 francs.

Ajoutons à ces indications que la Caisse des dé-

---

(1) Loi portant fixation du budget des dépenses sur ressources extraordinaires de l'excrcice 1883.

pôts a effectivement prêté aux départements, communes et établissements publics régulièrement autorisés à contracter des emprunts, une somme de 114 387 377 fr. 95 (1).

En ajoutant les rentes annulées, nous avons une justification complète de l'emploi actuel des fonds confiés à l'État.

(1) Voir Annexe n° 3.

III

L'EMPLOI FAIT PAR L'ÉTAT DES FONDS QUI LUI SONT CONFIÉS
FAVORISE-T-IL NOTRE PROSPÉRITÉ FINANCIÈRE ET LE DÉ-
VELOPPEMENT PROGRESSIF DE LA DÉMOCRATIE FRANÇAISE?

Maintenant que nous sommes fixés et sur l'importance des fonds confiés à l'État et sur la façon dont
ils sont employés, nous pouvons examiner en toute
connaissance de cause si l'emploi qui en est fait est
favorable à la bonne marche des finances publiques
et au développement progressif de la démocratie
française.

Ces deux points méritent d'attirer notre attention,
car on ne saurait jamais oublier que les capitaux
accumulés aux caisses d'épargne et à la Caisse des
retraites sont, par-dessus tout, l'instrument avec
lequel nos classes laborieuses peuvent s'élever dans
l'échelle sociale ; c'est le seul levier avec lequel elles
peuvent soulever le fardeau de leur misère, et le parti
républicain pourrait un jour encourir les plus graves
reproches si l'on pouvait établir contre lui que, loin
de savoir, lorsqu'il gouverne, tirer profit en faveur
des classes laborieuses du gage qui lui est confié, il
ne sait que le compromettre et le diminuer.

Découverts.

Est-il d'abord compréhensible que l'on laisse perpétuellement figurer dans les comptes du Trésor la masse énorme de découverts auxquels font face les ressources de la dette flottante ?

Lorsqu'en 1878 et 1879 M. Léon Say annonçait à la France que nous *nagions sur l'or,* lorsque les cours du 5 pour 100 atteignaient des taux si élevés que la conversion s'imposait à tous les esprits, n'eût-il pas été sage, expédient, raisonnable de liquider par une consolidation nécessaire tous les exercices déjà réglés, antérieurs à 1870 ?

Quel bénéfice retire le pays de rester sous le poids d'une charge qui alourdit incessamment la marche de ses opérations ?

On comprend fort bien qu'en face d'exercices qui ne sont pas encore réglés, on laisse peser sur la dette flottante les 83 millions de découverts créés depuis 1870.

Mais les 726 millions des découverts antérieurs, pourquoi ne pas les avoir transformés depuis longtemps en amortissables ?

Pourquoi avoir consenti à aborder tant de travaux improductifs avant d'avoir allégé le Trésor d'un poids qui le gêne dans tous ses mouvements ?

Comment a-t-on pu songer à émettre un nouveau titre de dette publique pour des travaux n'ayant aucun caractère obligatoire avant de s'être assuré la libre disposition de toutes ses ressources ?

En face de toutes les éventualités qui peuvent arriver à la France, ne valait-il pas mieux pour elle avoir son Trésor dégagé de 726 millions qui peuvent gêner sa marche à un moment donné, que de dépenser une somme égale en chemins de fer sans circulation ou en travaux dans des ports non fréquentés ?

Comment ne s'est-il pas trouvé de ministre des finances assez patriote pour comprendre qu'avant tout il fallait que le Trésor de la France fût dégagé de toute pression immédiate ?

Dans les époques de prospérité, les ressources de la dette flottante viennent s'ajouter au budget ordinaire et peuvent être considérées comme une contrepartie constante et sûre des découverts ; mais la situation est tout autre quand arrivent les mauvais jours, les crises, les récoltes insuffisantes, une guerre européenne, etc. Alors ces ressources non seulement s'arrêtent, mais encore se transforment en dettes criardes. Elles ne servent plus à solder les découverts ; elles sont réclamées par les déposants, par les créanciers. Tandis que l'État voit diminuer ses ressources, il voit en même temps retomber sur lui, d'un nouveau poids, cette charge des découverts que tout à l'heure il supportait si vaillamment.

Ce qui importe surtout au crédit de l'État, c'est qu'en aucune circonstance on ne puisse croire qu'il sera obligé d'avoir recours aux manieurs d'argent.

A ce titre, la liquidation des découverts s'imposait à nos hommes d'État; il est très fâcheux qu'on ne l'ait pas encore opérée.

Consolidation des sommes remises en compte courant au Trésor par la Caisse des dépôts et consignations.

Que dire maintenant de la consolidation des fonds de la Caisse des consignations votée dans les derniers jours de l'exercice 1882 ? En vérité, après ce qui s'est passé en 1848 et en 1870, lorsque deux fois nous avons vu les aspirations politiques de la démocratie française sur le point d'être compromises et étouffées par l'impossibilité de rembourser à bureau ouvert les capitaux des caisses d'épargne, nous n'aurions jamais cru qu'on irait de gaieté de cœur remplacer purement et simplement les fonds qui y sont déposés par des valeurs d'une aliénation toujours difficile à des époques de crise. Il s'en faut que nous soyons alarmistes ou pessimistes; nous sommes, au contraire, de ceux qui placent le crédit de l'État tellement au-dessus de celui des grandes compagnies et des banques les plus célèbres, que nous n'admettons pas qu'on puisse établir de comparaison sérieuse entre eux.

Mais, par cela même que nous le prisons si haut, il nous est pénible de voir que, systématiquement, nos finances soient amenées à une situation telle qu'en un moment critique de crise ou de guerre toutes les circonstances viendront se tourner contre nous, et que nous nous trouverons à nouveau obligés de recourir à des intermédiaires qui feront sonner bien haut et payer bien cher leurs services. C'est cette situation humiliante que nous ne saurions admettre.

Quel homme d'État peut sans trembler voir un gouvernement en face d'une réclamation de fonds immédiatement disponibles montant à près de 2 milliards, et n'ayant pour se libérer que des titres de rente amortissable à jeter sur le marché des capitaux ! On sait qu'à la moindre oscillation ces titres sont affectés ; les acheteurs ne tardent pas à disparaître, les cours s'avilissent, et l'on peut se trouver dans l'impossibilité d'en tirer le moindre profit par la nécessité où l'on peut être d'attendre des jours meilleurs.

Les capitaux d'épargne qui sont confiés à l'État ne sont pas de ceux qui peuvent être employés dans des travaux d'une utilité lointaine ; ce sont des capitaux qui doivent être toujours disponibles, et il est du devoir de l'Etat ou de ne pas les accepter, ou de leur garantir une disponibilité toujours permanente.

Il a été d'usage dans ces derniers temps de répéter sur tous les tons que les dépenses de travaux publics étaient toujours productives. Rien de plus dangereux qu'un tel langage ; il est à la fois dépourvu de justesse et de vérité. On ne les compte plus, depuis quelque temps, les travaux publics ordonnés en France dont les résultats doivent être absolument nuls au point de vue financier ; on ne craint même plus d'avouer à la tribune que tel ou tel chemin de fer ne rapportera pas même 1 pour 100. Et cependant qui donc fait le compte de ce que doivent coûter dans l'avenir à l'État les capitaux avec lesquels ils auront été effectués ?

Ne faut-il pas payer annuellement les intérêts de cette dette amortissable dans laquelle on a transformé les capitaux confiés à l'État ? Et si l'œuvre n'est pas productive, comme cela arrive trop souvent, n'a-t-on pas imposé, pour une très longue série d'années, aux contribuables, sans aucun profit, une charge beaucoup trop lourde pour eux ? En vérité, il faut que le bon sens public soit bien obscurci pour qu'on ne comprenne pas que c'est dilapider les ressources les plus importantes, les plus saines du pays que de consacrer à des travaux d'une utilité douteuse des fonds qui sont spécialement mis en réserve pour les moments de crise, pour les époques difficiles ; des fonds qui devraient être toujours disponibles, que l'État s'est engagé à payer à bureau ouvert, et pour lesquels il consent à payer un intérêt relativement élevé.

Allons d'ailleurs au fond des choses. Est-ce bien la France qui est enrichie par ce travail exagéré demandé, sur une trop grande échelle, aux terrassiers, aux constructeurs de matériel ?

La plus grande partie de l'argent employé ne s'en va-t-elle pas au dehors, comme salaire payé aux ouvriers étrangers, belges, suisses, italiens, espagnols, qui constituent la majorité des travailleurs de nos chantiers ? Ces ouvriers ne viennent pas s'établir en France à poste fixe ; ils n'y résident point, et envoient à leur famille à l'étranger la plus grande partie des salaires qu'ils reçoivent.

Il est beau sans doute de travailler pour les générations futures ; mais encore faudrait-il être certain que les travaux entrepris seront un jour rémunérateurs, et que les avantages qu'ils devront assurer dans une période de cinquante années, ou même d'un siècle, ne sont pas disproportionnés avec les sacrifices annuels qu'on exige des générations présentes.

Qu'on ait été contraint à convertir en amortissable le compte courant de la Caisse des dépôts, c'est la meilleure preuve qu'on a commis une grande faute en supposant que l'on pouvait s'engager aisément, après les événements de 1870, dans une dépense de travaux publics de 10 milliards.

Si le pays avait conclu comme les promoteurs du plan Freycinet, l'amortissable se serait placé avec la plus grande facilité. Ce n'est pas, comme on le voudrait faire croire, la forme spéciale donnée à l'instrument de crédit qui a arrêté l'enthousiasme du prêteur; c'est le but qu'on se proposait d'atteindre, but tout à fait disproportionné à nos ressources, à nos éléments de richesse, à nos facultés, et pouvant bien plutôt contribuer à diminuer notre grandeur et notre opulence qu'à l'accroître sérieusement.

Ne devait-on pas tirer un enseignement du peu de goût avec lequel la Bourse accueillait le titre, et devait-on s'obstiner au point d'aller chercher des capitaux désirant toujours rester disponibles, alors que ceux qui par leur nature sont les plus disposés à s'aventurer refusaient systématiquement de le faire ?

Au point de vue de l'avenir financier de la France

rien ne pouvait être imaginé de plus fâcheux, et l'on peut soutenir que si le plan Freycinet a été dans sa conception première un égarement et une fanfaronnade, il s'est élevé depuis à la hauteur d'un vrai malheur public, par la mesure qu'il a nécessitée, la transformation en amortissable des capitaux de la Caisse des dépôts et consignations.

Achats de rentes.

Il n'y a rien à dire sur la transformation en rentes de certains dépôts, dès qu'ils atteignent une somme donnée ; c'est une exigence de la loi, et nous n'entendons élever sur ce point aucun débat.

Il conviendrait cependant d'observer que le portefeuille de la Caisse contenait à la veille de la conversion une bien grosse quantité de titres 5 pour 100. Les personnes placées à la tête de cet établissement pouvaient, ce semble, depuis plusieurs années prévoir l'imminence prochaine de cette opération ; plus de 14 600 000 francs de rentes 5 pour 100 se trouvaient dans son portefeuille à la fin de l'exercice 1881. C'était une bien grosse masse.

Capitaux assurés.

La loi portant fixation du budget des dépenses sur ressources extraordinaires de l'exercice 1883 a autorisé jusqu'à 1 200 millions de francs la consolidation des fonds versés en compte courant par la Caisse des dépôts, tant pour son propre compte que pour celui des différentes caisses dont elle a la gestion.

On a commis, croyons-nous, une grave erreur en libellant ainsi la loi.

Parmi les fonds dont la Caisse des dépôts et consignations a la gestion, il y en a quelques-uns qui, à notre sens, doivent rester tout à fait en dehors des opérations de trésorerie ; nous voulons parler de toutes les primes payées pour assurances.

Du moment où l'État s'est fait assureur, il doit accepter pour lui-même les conditions que la loi impose à tous les assureurs.

N'oblige-t-on pas les Compagnies d'assurance sur la vie à certaines formalités auxquelles ne sont pas sujettes toutes les autres Compagnies industrielles?

Pourquoi cette obligation ?

Parce qu'elles étendent leurs opérations sur une très longue série d'années, et qu'on a jugé nécessaire qu'une surveillance spéciale fût exercée sur des opérations qui ne doivent se terminer qu'à l'expiration d'une très longue période.

Permettrait-on à une compagnie d'assurance de détourner du but de leur destination des fonds qui doivent être consacrés à payer un jour des pensions viagères ou des allocations au décès ?

Non sans doute; dans l'examen de leur bilan on se préoccupe exclusivement de savoir si le capital actuel, aussi bien placé que possible, correspond aux payements futurs auxquels elles pourront être obli-

gées ; et il n'y a pour elle de bénéfice qu'après con=
statation bien approfondie que tout ce qui est néces=
saire pour y faire face a été prudemment mis en
réserve.

Eh bien, imagine-t-on que jusqu'à ce jour on n'ait
pas encore considéré comme réservés à une destination toute spéciale les fonds de la Caisse des re=
traites ? Peut-on croire qu'on paraît ignorer la valeur
réelle à ce jour de toutes les pensions viagères que
l'État s'est engagé à payer ? Peut-on imaginer que,
sous le prétexte qu'il y a à faire une liquidation portant sur 224 000 parties prenantes, il est impossible
d'établir dans quelle situation l'État se trouve vis-à-
vis la Caisse après avoir annulé une certaine quantité
de ses rentes perpétuelles et pris à sa charge une
autre quantité de rentes viagères ?

Tout cela est susceptible de calcul, et il ne peut y
avoir de déception que si l'on ne tient pas compte de
l'intérêt composé, ou si l'on se sert de mauvaises ta-
bles de mortalité.

Sans doute l'opération de la conversion a pu modifier certaines combinaisons établies à l'avance ; en
ce cas il aurait mieux valu le dire et ne pas laisser
entrer dans le public des idées fausses sur le mécanisme d'une institution qui doit offrir les plus grandes
garanties de solidité.

A quelque chose malheur est bon : en même temps
qu'on doit rendre à la Caisse des retraites le capital
à l'aide duquel on avait précédemment amorti une
certaine quantité de rentes perpétuelles, et qu'on exo-

nère l'État du payement d'un certain nombre de rentes viagères, il paraît décidé que désormais la Caisse des retraites pour la vieillesse devra pourvoir dans l'avenir au moyen de ses propres ressources au service des rentes viagères. C'est une bonne mesure; mais à la condition qu'il soit pleinement justifié chaque année du placement régulier de tous les fonds destinés aux retraites; à la condition que la Caisse des retraites établisse d'une manière permanente le bilan de ses revenus et de ses obligations, n'abandonne point le bénéfice qu'elle doit retirer de la mortalité, et sache accumuler l'intérêt composé des fonds qu'elle reçoit.

Si elle n'est point organisée, de manière à pouvoir se défendre contre toutes les prétentions; si elle n'est point appelée à agir comme le ferait une compagnie particulière d'assurance; si elle doit un jour ou l'autre être obligée de livrer à l'État soit son numéraire en compte courant, soit les rentes qu'elle aura acquises dans un but lointain, de sorte qu'il ne lui soit pas permis de combiner à l'avance des placements de longue haleine, à quoi bon l'abandonner à ses propres forces?

Constatons, en tous cas, que la force des choses vient d'obliger l'État à abandonner un système tout empirique dans lequel il se chargeait du payement des rentes viagères sans bien apprécier ce à quoi il s'engageait. Il manifeste l'intention d'entrer dans une voie plus scientifique, plus précise, plus sûre, en laissant à la Caisse le soin de satisfaire à ce genre d'obligations; mais la condition indispensable de ce nouveau système, c'est qu'il ne soit jamais touché aux ressources de la Caisse des retraites, que ses opérations ne puissent être bouleversées d'un jour à l'autre par une intervention gouvernementale, qu'elle puisse avoir la responsabilité pleine et entière de ses actes, et qu'on la laisse à même de s'administrer comme une compagnie d'assurance sur la vie, qui doit être en état de satisfaire à toutes les obligations qu'elle a contractées, même pour les durées les plus lointaines.

Prêts aux communes, départements et établissements publics.

Ce qu'il y a de plus notable à signaler, en ce qui concerne les capitaux prêtés par la Caisse des dépôts et consignations, c'est le montant peu élevé de ces prêts (114 millions).

Quelle marge pour l'emploi de ses fonds n'aurait pas devant elle la Caisse des dépôts, si elle voulait sérieusement s'emparer de la fonction de prêteuse des communes! Pourquoi abandonne-t-elle au Crédit foncier ce champ d'action qui offre aux capitaux une si grande sécurité?

Nous lisons dans le dernier rapport du Crédit foncier sur l'exercice 1882 :

« Le total des prêts communaux faits en 23 années par le Crédit foncier de France, depuis la loi du 6 juillet 1860 jusqu'au 31 décembre 1882, s'élève en nombre à 3 236 et en somme à 1 362 156 051 francs. »

Comparez ce chiffre à celui de la Caisse des dépôts,

qui dans l'espace de 60 années n'a pas prêté plus de 663 millions à ces mêmes communes, et voyez s'il est juste de dire que c'est faute d'autre emploi que le Trésor s'empare de tous les fonds de la Caisse des dépôts.

IV

DES DISPOSITIONS LÉGISLATIVES A PRENDRE POUR ASSURER
UN MEILLEUR EMPLOI DES FONDS CONFIÉS A L'ÉTAT.

Trois grandes mesures ont besoin, à notre avis, d'être prises pour ramener l'ordre dans les finances et empêcher nos épargnes d'aller se perdre dans des entreprises incertaines d'un résultat sinon complètement nul, au moins très lointain.

Ce sont :

1° La liquidation par le moyen de l'emprunt des découverts antérieurs à l'exercice 1870 ;

2° La limitation par la loi de finances annuelle des sommes que le Trésor pourrait recevoir en compte courant de la Caisse des dépôts et consignations ;

3° Une transformation de la Caisse des dépôts et consignations, qui, au lieu d'être une simple banque de dépôts comme elle l'est aujourd'hui, deviendrait une banque active, serait autorisée à prêter sur première hypothèque et sur titres, négocierait des emprunts avec les départements, les communes et les établissements publics, et serait autorisée au besoin à émettre des obligations correspondant à des placements à long terme pour être en état de faire face à toutes les demandes de remboursement des déposants.

Il n'est pas besoin d'insister sur la nécessité de liquider les versements antérieurs à 1870. Les 726 millions dont il s'agit pèsent de tout leur poids sur nos finances, tant qu'ils ne sont pas consolidés, et pourraient demain, en cas de guerre, devenir une gêne des plus compromettantes. On ne saurait comprendre qu'on ait songé à obérer l'avenir, comme on l'a fait, avant d'avoir dégagé le présent.

C'est par le canal du compte courant du Trésor que toute l'épargne de la France s'engouffre depuis quatre ans dans des dépenses improductives. L'État recueille par l'intermédiaire des caisses d'épargne tout ce que notre démocratie laborieuse amasse à force de persévérance et d'efforts, et, au lieu de le rendre à la circulation nationale, il le dépense, il l'absorbe lui-même. Nous croyons qu'il n'est que temps de mettre une digue à cette dangereuse absorption.

L'État assume une immense responsabilité en s'imposant, en sus du payement des intérêts de la dette publique, le payement des intérêts de toutes nos épargnes. Certes, nous ne demandons pas qu'il refuse sa responsabilité et sa garantie aux capitaux déposés; mais nous voulons nous opposer à ce qu'il les emploie tous lui-même. Il faut que la plus grande partie d'entre eux gagnent leur rémunération et qu'ils ne soient pas retirés de la circulation générale, où ils continueraient à rendre les plus grands services.

Nous nous sommes demandé si la limite inscrite dans la loi de finances devait être une somme fixe, ou si plutôt elle ne devait pas être subordonnée à la situation générale du pays. Il nous a semblé que cette limite devait être toujours proportionnée à l'importance de l'épargne réelle, c'est-à-dire à la supériorité des dépôts sur les remboursements dans le trimestre antérieur à celui où la Caisse verserait ses fonds au Trésor en compte courant. Ce qui importe, en effet, c'est que la proportion entre les capitaux remis au Trésor et ceux employés par la Caisse ne varie point, et elle pourrait varier grandement si la limite était fixée par la loi à une somme fixe qui se trouverait, à la fin de l'année, supérieure à l'épargne réelle.

Cette limitation ne serait pas chose nouvelle dans notre organisation financière ; elle existe quant aux bons du Trésor. Tous les ans la loi de finances décide qu'il ne sera pas émis pour plus de 400 millions de bons du Trésor. Cette limite a été déterminée, parce qu'on a toujours considéré ces émissions, quand elles atteignent un certain chiffre, comme de véritables emprunts ; mais ne faut-il pas apprécier de même les dépôts en compte courant, qui, eux aussi, finissent toujours à la fin par se traduire en consolidations de rentes ? Et alors à quoi bon limiter les bons du Trésor, si l'on ne limite aussi le compte courant ?

Quant à la transformation de la Caisse des dépôts en banque active, c'est une mesure d'une importance exceptionnelle, et qu'il importe d'examiner sous tous les points de vue.

Elle est réclamée de la façon la plus impérieuse

pour le bon ordre de nos finances, car vraiment l'État prend une charge au-dessus de ses forces en ayant la prétention de vouloir à lui seul assurer la rémunération des capitaux qu'il appelle à lui. On pourrait dire que la charge serait, au contraire, presque nulle si, au lieu d'employer les capitaux, il se bornait à une œuvre de surveillance et de tutelle.

Ce n'est pas ainsi qu'il opère : il prend lui-même les capitaux et les dépense sans se préoccuper de savoir si tous les travaux qu'il entreprend seront ou non rémunérateurs et, s'ils doivent l'être, dans quelle proportion et dans quel délai. On peut dire qu'en agissant ainsi il substitue un empirisme des plus dangereux aux notions les plus élémentaires de la science et du calcul. Tout individu, toute société qui procéderait ainsi ne tarderait pas à perdre tout crédit et serait menacé d'une ruine infaillible.

Les caisses d'épargne en France n'ont fait jusqu'ici que la moitié de leur œuvre; elles se sont bornées à réunir les capitaux pour les confier à l'État; de même qu'il y a eu un drainage dans ce sens, il faut en créer un dans le sens opposé, c'est-à-dire qu'il faut trouver dans les diverses parties du territoire des groupes, des collectivités de producteurs se chargeant d'employer les capitaux, de les féconder par leur activité et d'apporter aux caisses d'épargne l'intérêt qui doit être payé à leurs déposants.

Qu'on n'aille pas crier à l'utopie ! Le phénomène dont je parle ici est celui que M. Léon Say raconte avoir vu en plein fonctionnement dans son voyage dans la haute Italie ; il est curieux de voir s'exprimer dans les termes suivants le ministre qui a proposé en France la consolidation en amortissables de 1 200 millions d'épargnes populaires :

« Pour servir un intérêt de 3 et demi pour 100 ou de 4 pour 100 à ceux qui apportent de l'argent, il faut pouvoir placer à un intérêt plus élevé l'argent qu'on a reçu.

« C'est pour y arriver que la Caisse d'épargne de Milan fait de la banque ; elle escompte les effets de commerce et reçoit avec empressement le portefeuille commercial et agraire des banques populaires, quand celles-ci ont besoin de le réaliser. Mais ce n'était pas assez de faire de l'escompte ; la Caisse d'épargne prête sur titres, sur marchandises, sur hypothèque, sans compter qu'elle place son capital en valeurs diverses, rentes, obligations communales, etc.

« C'est quelque chose de considérable de pouvoir employer, au profit de l'agriculture, du commerce ou de l'industrie, les épargnes populaires. Le portefeuille de la Banque de France ne dépasse pas 1 milliard ; c'est beaucoup moins que le montant des dépôts des caisses d'épargne françaises. Quelle ne serait pas la facilité donnée aux affaires si les effets escomptés par la Banque de France alimentaient le portefeuille de nos caisses d'épargne, et si la Caisse d'épargne allait chercher les effets qu'elle escompterait dans les plus petites communes de la République (1) ! »

(1) *Journal des Débats* du 4 novembre 1883 : *Dix jours dans la haute Italie*, par M. Léon Say. Premier article.

Il serait tout à fait oiseux, en cette circonstance où il s'agit seulement de mettre en lumière une idée réformatrice, d'entrer de prime abord dans tous le détails de l'organisation qui pourrait être tentée pour faire rentrer dans la circulation générale les capitaux confiés aujourd'hui à l'État.

On pourrait se servir des caisses d'épargne privées qui existent dans chacune de nos grandes cités, et les charger sous leur responsabilité de surveiller, chacune dans son ressort, le placement d'une somme égale à celle qu'elle aurait remise à la Caisse des dépôts et consignations.

Les sociétés de secours mutuels pourraient trouver les moyens de faire jouir leurs membres des avantages d'un crédit personnel proportionné aux facultés deces membres.

M. Léon Say nous parle, dans son voyage de la haute Italie, de toute une organisation de sociétés coopératives, de banques populaires venant puiser leurs ressources dans les caisses d'épargne de Lombardie et répandant le crédit jusque dans les plus petits centres agricoles. Qui nous empêcherait donc de créer un semblable réseau et d'arriver aux mêmes résultats avec nos fonds d'épargne ?

Pourquoi, puisque la pompe aspirante a été si bien créée sous les auspices et sous la surveillance de l'État, la pompe foulante ne le serait-elle pas aussi ?

Si le système que nous indiquons arrivait à fonctionner convenablement, quel juste reproche pourraient nous adresser ces savants économistes, individualistes acharnés, décentralisateurs féroces, qui nous vantent les merveilles de l'initiative privée au dehors et au dedans, mais qui n'ont jamais songé à employer utilement les épargnes populaires et ne voient pour elles d'autre utilisation que d'être transformées en rentes et en rentes amortissables? Il nous semble que toutes leurs critiques devraient tomber d'un seul coup : le socialisme d'État, se bornant à protéger l'épargne du pauvre, à le défendre contre les tentatives captieuses de financiers trop hardis, créant seulement un service public d'attraction et de distribution de capitaux, mais ne voulant ni les employer ni les dépenser lui-même, ne trouverait-il donc pas grâce devant eux ?

Je sais bien que telle ou telle de nos grandes institutions financières, le Crédit foncier par exemple, pourrait se ressentir fortement de l'établissement de la nouvelle institution que nous concevons. Mais à qui fera-t-on croire que, dans un pays démocratique comme la France, les emplois les plus sûrs, les meilleurs, doivent être réservés aux capitaux de la haute banque au détriment de ceux qui viennent de l'épargne populaire? Pourquoi laisser au Crédit foncier le soin de prêter aux communes? Pourquoi laisser à la Banque le soin de prêter sur titres? Pourquoi la Caisse des dépôts n'émettrait-elle point, elle aussi, des obligations communales ?

Nous croyons qu'il y a un intérêt de premier ordre à ce que nos épargnes populaires soient rendues à la circulation générale, à ce que les capitaux qui en proviennent soient répandus sur toute la surface du territoire.

Aussi c'est avec confiance que nous livrons nos idées au débat public.

Puissent les hommes qui jouent un rôle dans la vie politique de notre pays s'en bien pénétrer !

Nous n'avons pas craint dé faire ressortir les grandes fautes financières commises depuis le jour où l'on a si tristement et si malheureusement abandonné la politique de dégrèvement et de vie à bon marché ; mais ces fautes, nous n'avons jamais songé à en faire une arme de parti, nous voulons seulement qu'on les répare.

Il en est encore temps. *Caveant consules !*

ANNEXES

ANNEXE N° 1.

RAPPORT PRÉPARATOIRE

PRÉSENTÉ A LA COMMISSION DU BUDGET (1) CHARGÉE DE L'EXAMEN DE LA LOI DE FINANCES (POUR L'EXERCICE 1877), PAR M. LÉON GAMBETTA, PRÉSIDENT DE LA COMMISSION.

Réforme de l'impôt.

Messieurs,

Aucun de nous ne se dissimule la difficulté ni l'importance de la tâche que nous nous sommes imposée, le jour où nous nous sommes engagés à présenter à la Chambre un plan de réforme de notre système financier.

Nous savions tous que depuis 1791 aucun gouvernement en France n'avait jusqu'à ce jour voulu embrasser d'un seul coup d'œil ce vaste mécanisme qui doit s'étendre sur toutes les ressources de la nation, et prélever annuellement tout ce qui est nécessaire au payement de nos dettes, au maintien de notre indépendance et au fonctionnement de nos divers services.

Mais nous étions en même temps dominés par une double série de considérations ; et elles ont agi sur notre jugement avec tant d'autorité que nous eussions cru manquer à tous les devoirs d'un patriotisme éclairé si nous avions reculé devant les difficultés que nous apercevions.

De ces deux séries de considérations, l'une est d'un ordre tout à fait général et porte sur les modifications nombreuses qui, depuis 1791, se sont produites dans notre état social. Les

______

(1) M. Gustave Hubbard, appelé en 1879 à remplir les fonctions de secrétaire général de la Questure, était attaché comme secrétaire adjoint à cette commission.

grands hommes de l'Assemblée constituante qui eurent à étudier les conditions générales devant présider à l'organisation financière de la France se trouvaient en face d'une société privée de chemins de fer et de télégraphes, et inconsciente du développement qu'était destinée à prendre la propriété dite mobilière. Ils avaient devant eux une société toute différente de celle qui existe aujourd'hui après quatre-vingt-six années d'un progrès inouï dans toutes les directions de l'activité humaine. On commet une erreur chaque fois qu'on cherche à nous présenter aujourd'hui les combinaisons des législateurs de 1789 comme les plus parfaites qu'on puisse imaginer, et comme n'étant susceptibles d'aucune amélioration. C'est comme si d'un trait de plume on voulait supprimer tous les avantages que nous avons retirés de leur initiative et de leur clairvoyance, tous les progrès accomplis dans le dix-neuvième siècle.

L'autre série de considérations qui nous pousse à agir prend sa source dans la politique financière suivie par l'Assemblée qui de 1871 à 1875 a décidé en souveraine des destinées de notre pays. Nous ne songeons pas à être injustes envers elle, et nous reconnaissons volontiers qu'ayant à faire face à des charges nouvelles très considérables, elle avait un très redoutable problème financier à résoudre. Mais en même temps nous devons reconnaître qu'elle s'est bornée à courir au plus pressé. Elle a fait argent de tout, elle a bouleversé toutes les proportions raisonnables entre le chiffre des contributions directes et celui des contributions indirectes ; elle a établi sur la circulation et sur la consommation des taxes qui constituent de véritables entraves pour le commerce et pour l'industrie ; elle a ressuscité dans la ferme des allumettes un système vicieux de perception que la Révolution française avait si justement fait disparaître de notre législation ; enfin, si sous la pression de l'opinion publique elle a imposé certaines valeurs mobilières, elle s'est arrêtée dans cette direction et n'a appliqué que partiellement un nouveau principe que la saine raison lui ordonnait de généraliser.

Les nouvelles Chambres venant après elle ont, par suite de cette conduite, une voie toute tracée dans laquelle il ne leur est pas permis de ne pas s'engager. A elles de modifier tout ce qu'il y a eu d'excessif dans les taxes indirectes votées par l'Assemblée nationale sur certains objets de consommation, à elles d'atténuer dans la mesure du possible la cherté excessive qui devait en être la conséquence nécessaire; à elles d'étudier les bases sur lesquelles est assis tout notre système de contributions directes, de manière à lui rendre l'élasticité dont il est aujourd'hui privé.

L'insuffisance de ce système a éclaté à tous les yeux, puisqu'en 1871 il a été impossible d'en tirer le moindre profit pour la libération de notre territoire ; il nous a fait défaut au moment le plus critique de notre histoire. Il faut dire de lui comme de notre organisation militaire avant 1870 : l'un et l'autre étaient au-dessous des combinaisons adoptées autour de nous par tous les grands États de l'Europe moderne.

Tels sont les motifs qui nous ont poussés à l'étude. Ce sont eux aussi qui nous déterminent à diviser ce travail en deux parties bien distinctes, l'une relative aux contributions directes, l'autre aux indirectes.

En ce qui concerne les contributions directes, nous avons pensé qu'il fallait aborder hardiment la question de l'impôt sur le revenu devant laquelle avait reculé la dernière Assemblée. Nous avons cherché comment il pouvait être établi dans notre pays, en tenant compte de notre organisation actuelle, de nos habitudes financières, en ménageant avec soin toutes les transitions, et en conservant tout ce qui, dans le système actuel, ne lui est pas opposé. Le travail auquel nous nous sommes livrés nous a démontré que la Chambre pouvait sans rien bouleverser, sans compromettre le crédit de la France, entreprendre l'œuvre d'asseoir la contribution directe sur la seule base du revenu, en éliminant de notre législation toutes les autres bases qui y ont été introduites, et qui répugnent évidemment au principe supérieur de la proportionnalité de l'impôt au revenu. Nous n'avons pas la prétention d'apporter un travail complet, immédiatement applicable, en une matière où il faut laisser beaucoup à l'initiative des législateurs appelés à nous succéder. Le but que nous devons nous proposer sera atteint, si la Chambre, en acceptant nos propositions, détermine seulement les points spéciaux sur lesquels doit porter son attention afin de réformer peu à peu notre législation financière. Nous voulons seulement donner les grandes vues d'ensemble, déterminer la direction, indiquer la route à suivre. Le progrès, dans chacune des cédules que nous établissons sera le résultat d'efforts successifs. On n'arrive à rien quand on veut tout entreprendre à la fois : mais si le but à atteindre est signalé à l'avance, si les étapes sont bien calculées, il sera beaucoup plus facile de surmonter toutes les difficultés qui peuvent se rencontrer sur la route.

Dans la seconde partie, nous abordons franchement la recherche des taxes indirectes qui nous paraissent devoir être supprimées, à mesure que des accroissements de recettes pourront être réalisés. Nous n'hésitons pas à dresser la liste des impôts qui ne peuvent être considérés que comme temporaires, parce qu'ils sont vraiment nuisibles au développement du pays. Nous sommes en droit d'espérer que soit au moyen de nos propositions, soit à l'aide de la conversion, soit seulement par la plus-value du produit de nos contributions le Trésor public pourra bientôt disposer de nouvelles ressources. Il nous a dès lors paru utile de signaler à l'avance l'usage qu'il convient d'en faire, et de fixer l'ordre dans lequel il devra être procédé à la suppression de taxes qui ne doivent que temporairement rester dans notre système fiscal.

PREMIÈRE PARTIE.

De la transformation de nos quatre contributions directes en un impôt sur le revenu divisé en cinq cédules.

La contribution directe est la part que chacun, citoyen ou étranger résidant dans un pays, doit prélever sur ses ressources annuelles pour coopérer aux dépenses de l'État en échange de la sécurité, de la protection dont il profite pour la jouissance de ses biens ou pour l'exercice de sa profession.

Elle ne saurait être égale pour tous, car les avantages que chacun retire de la société sont essentiellement variables, suivant le travail auquel il se livre ou les capitaux dont il dispose.

Quelques-uns soutiennent qu'elle doit être progressive, c'est-à-dire croître, non seulement en raison du revenu, mais d'après une série progressive qui hausse le taux de l'impôt à mesure que s'élève le chiffre même du revenu. Mais quelle devrait être la raison de cette progression ? Il faudrait la fixer arbitrairement, et dans une matière où doit régner le plus grand esprit de justice, on comprend facilement que cette nécessité ne permette pas de donner à l'impôt le caractère de progressif.

Toutes les constitutions que la France s'est données ont conclu en principe à la proportionnalité de l'impôt direct au revenu.

La déclaration des droits de l'homme et du citoyen du 3-14 septembre 1791 s'exprime ainsi :

« Pour l'entretien de la force publique et pour les dépenses d'administration, une contribution commune est indispensable ; elle doit être également répartie entre tous les citoyens, en raison de leurs facultés. »

La Constitution de l'an III, dans son article 306, répète : « Les « contributions de toute nature sont réparties entre tous les « contribuables à raison de leurs facultés. »

L'article 15 de la Constitution décrétée par le Sénat conservateur le 6 avril 1814 s'exprime ainsi :

« L'égalité de proportion dans l'impôt est de droit. »

Cette même idée reparaît sous les deux Chartes de 1814 et de 1830. Un même article chez elles, l'article 2, s'exprime ainsi :

« Les Français contribuent indistinctement dans la proportion de leur fortune aux charges de l'État. »

Enfin la Constitution de 1848 dit dans son article 15 :

« Tout impôt est établi pour l'utilité commune. Chaque citoyen y contribue en proportion de ses facultés et de sa fortune.»

Il résulte de ces déclarations que le principe de la proportionnalité de l'impôt à la fortune et aux facultés de chaque contribuable est un des fondements sur lesquels repose la société française.

En exagérant outre mesure le système des taxes indirectes, de manière à leur faire représenter presque les quatre cinquièmes du total des recettes du Trésor (1), l'Assemblée natio-

(1) Rapport de M. Wolowski, exercice 1876, p. 23.

nale a évidemment rompu l'équilibre qui doit nécessairement exister entre l'impôt direct et l'impôt indirect.

C'est comme si, au lieu du principe que chacun doit payer en raison de ses facultés et de sa fortune, elle avait inscrit dans la Constitution que chacun doit payer en raison de sa consommation. Or ce dernier principe, s'il est favorable à celui qui possède, est en revanche très préjudiciable à celui qui ne subsiste que par l'exercice d'une profession, et se trouve face à face d'une consommation obligatoire.

Les législateurs qui ont établi le système fiscal actuel avaient conscience du juste reproche qui sera toujours adressé à leur œuvre. Aussi ont-ils cru devoir signaler eux-mêmes la nécessité de la modifier.

« Nos successeurs, moins malheureux que nous, a dit M. Wolowski dans son rapport sur l'exercice 1876, pourront améliorer notre œuvre qui a été accomplie sous des conditions qu'ils n'auront plus à subir. Ils pourront songer à la réforme des impôts, alors que nous avons été condamnés à en procurer avant tout le prompt recouvrement. »

Et plus loin :

« Ce qui frappe surtout, quand on considère l'ensemble des impôts nouveaux, c'est de voir qu'ils tiennent presque tous à une même origine, l'impôt indirect, et que l'impôt direct immobilier a été laissé de côté...

« Les impôts directs n'ont été augmentés que de 42 millions sur un ensemble de 638 millions de recettes effectuées en 1874.

« Dans un avenir prochain, le gouvernement se trouvera en mesure de faire sur l'excédent du revenu public la part de la réduction de l'impôt : la question d'une réforme financière se trouvera simplifiée quand elle se posera non plus en face de l'équilibre du budget, mais en face des besoins de l'amortissement. »

Un de nos collègues, M. Menier, peu touché du caractère de périodicité annuelle qu'ont à la fois et le budget de l'État et le revenu des citoyens, nous propose de ne pas chercher dans le revenu l'assiette de l'impôt direct ; il a soumis à notre examen un projet de loi qui tend à remplacer un certain nombre de taxes indirectes par une taxe de 1 pour mille sur la valeur vénale des capitaux fixes possédés en France.

Le projet de M. Menier vise évidemment le but même auquel tend la commission, et qui consiste à tirer directement des facultés des contribuables une partie des sommes demandées aujourd'hui à la consommation et à la circulation. A ce titre il aurait toutes nos sympathies, si nous pouvions le juger d'une application facile. Mais nous ne pouvons nous dissimuler qu'il fait double emploi avec plusieurs des contributions actuellement existantes, et qu'il ne résout pas le difficile problème que nous avons devant nous : organiser les taxes directes de manière qu'elles donnent au Trésor toutes les ressources qu'elles peuvent lui fournir, et qu'elles tirent de chaque contribuable une somme proportionnelle à ses facultés et à sa fortune.

Nous n'avons pas à faire ici une étude théorique de la différence que M. Menier établit entre les capitaux fixes et les capitaux circulants. Pour nous, cette différence ne peut servir dans l'application. Avec le système moderne de la propriété mobilière, telle usine considérée en elle-même comme édifice est un capital fixe qui mériterait d'être appelé capital circulant si l'on venait à la considérer sous la forme des titres d'actions qui peuvent la représenter.

L'évaluation des capitaux, sans être un problème tout à fait insoluble, est une œuvre longue, difficile, ne pouvant aboutir à aucun résultat utile, variant incessamment suivant les événements du jour et la politique générale. Atteler l'administration à un travail de ce genre, c'est lui infliger une occupation qui ne saurait être comparée qu'à la toile de Pénélope.

L'impôt sur le capital existe déjà dans notre organisation financière ; il figure parmi nos droits d'enregistrement, et s'applique à juste titre dès qu'il s'agit de successions. Nous-mêmes, comme on le verra plus loin, nous ne répugnons pas à en faire usage, quand nous avons à évaluer certain genre de capitaux qui ne peuvent s'apprécier par le revenu ; mais quant au système que propose M. Menier, il ne ferait qu'imposer aux contribuables une taxe nouvelle, similaire à celle que la plupart d'entre eux payent soit sous la forme de taxe foncière, soit sous la forme de patentes.

D'ailleurs il ne satisfait point à la vraie préoccupation du législateur d'aujourd'hui, qui doit être d'atteindre les divers capitaux qui ne contribuent pas aux charges de l'État. De ce nombre sont tous ceux qui sont employés en fonds sur l'État, en fonds étrangers, en pensions viagères ; et aussi ceux qu'accumulent avec soin sur elles-mêmes beaucoup des personnes qui se vouent aux professions libérales. Or M. Menier n'atteint aucun de ces capitaux.

C'est pour toutes ces raisons que votre sous-commission n'a pas cru devoir s'arrêter à ce projet. Elle a jugé qu'elle avait à tenir beaucoup plus compte qu'il ne le fait de l'organisation actuelle, et surtout qu'elle ne pouvait imposer à nouveau toutes les sources de revenus qui payent déjà aujourd'hui leur contingent.

Le système actuel comprend quatre contributions directes ayant une assiette complètement distincte.

La première est l'impôt foncier : il a pour but d'atteindre les propriétaires d'immeubles, terre, bois, vignes, prés et maisons : il les frappe à raison du revenu imposable de toutes les parcelles cadastrales qu'ils possèdent. Ces parcelles ne sont pas soumises à un tant pour cent suivant le revenu ; l'impôt foncier est un impôt de répartition dont le principal est fixé par le pouvoir législatif et réparti par lui entre les divers départements, réparti ensuite par les conseils généraux entre les arrondissements, et par les conseils d'arrondissement entre les communes. C'est seulement dans la commune qu'il est réparti au centime le franc du revenu cadastral de chacun entre les contribuables par les soins de la direction des contributions directes et des commissions municipales de répartiteurs.

La deuxième est l'impôt des portes et fenêtres. Celle-là est basée sur le nombre des ouvertures des habitations. Le tarif en est dressé d'après la population des villes où celles-ci sont bâties, d'après le nombre des ouvertures, et suivant les étages où elles sont pratiquées. Les cotes varient de 30 centimes, taxe de la fenêtre la moins imposée, à 18 fr. 80, taxe de la porte cochère la plus chargée.

La troisième est la contribution personnelle mobilière ; celle-ci a deux assiettes. L'une, c'est la personnelle, se compose tout simplement de la valeur de trois journées de travail dont le prix moyen, déterminé par les conseils généraux, ne peut être inférieur à 50 centimes ni supérieur à 1 fr. 50. L'autre, c'est la mobilière, a pour base la valeur locative des habitations, au centime le franc du loyer payé. C'est un impôt de répartition ; du contingent total à fournir par la commune, on retranche d'abord le montant des cotes personnelles ; le reste est réparti ensuite proportionnellement à la valeur locative des habitations entre toutes les cotes mobilières. Le chiffre des loyers d'habitation n'est pas immuable comme celui du revenu foncier : il est déterminé annuellement par les répartiteurs et varie suivant les variations dûment constatées de la valeur locative des maisons.

La quatrième est l'impôt des patentes : elle se décompose en deux droits : le droit fixe attaché aux professions que la loi a distribuées en 8 classes ; ce droit varie en raison du lieu où elles sont exercées, c'est-à-dire qu'il s'accroît suivant que la population s'élève ; le droit proportionnel variant du quinzième au cinquantième de la valeur locative tant des maisons d'habitation que des magasins, boutiques, usines, ateliers, hangars, remises, chantiers et autres locaux servant à l'exercice des diverses professions.

De cet exposé il résulte que de ces quatre impôts il n'y en a vraiment qu'un qui, en harmonie avec le principe fondamental de notre législation, cherche à reposer sur la base du revenu : c'est l'impôt foncier. Encore s'agit-il d'un revenu imposable calculé depuis longues années, et tout à fait disproportionné au profit réel que tirent aujourd'hui les propriétaires de leurs fonds.

Pour les autres, le législateur a choisi des bases tout-à-fait arbitraires, qui ne sont nullement d'accord avec les facultés réelles des contribuables.

C'est, pour les revenus provenant des propriétés bâties, le nombre des ouvertures.

C'est, pour les revenus provenant du travail, l'imposition pour tous de trois journées de travail dont le prix seul varie suivant les départements.

C'est, pour les profits venant du commerce et de l'industrie, une classification arbitraire en 8 classes, et la présomption qu'on peut apprécier les produits des professions d'après la valeur locative des maisons où elles s'exercent.

C'est enfin, pour les revenus provenant d'un travail non classé, ou de la propriété mobilière, cette même présomption que les ressources de chacun peuvent s'apprécier d'après le chiffre de son loyer.

L'insuffisance de ce système, qui laissait en dehors de l'impôt une somme de revenus représentant aujourd'hui, avec les progrès de la civilisation moderne, près de la moitié de tout le capital national, a été reconnue par l'Assemblée nationale le jour où, après un long discours de M. Magne, elle consentit à voter la loi taxant de 3 pour 100 le revenu de certaines valeurs mobilières.

Ces valeurs étaient les suivantes : 1° titres des sociétés financières, industrielles, commerciales et civiles ; 2° emprunts départementaux et communaux ; 3° parts de commandites non divisées en actions.

Il est évident que l'introduction de cette loi dans l'ensemble général de notre système fiscal a constitué un véritable progrès; elle a eu en même temps deux autres résultats : d'abord, de démontrer combien peu on s'était préoccupé jusqu'à ce jour de proportionner la charge de l'impôt au revenu réel, puis de créer de nouvelles injustices en frappant certains revenus alors que d'autres restaient exempts.

Elle est aujourd'hui pour nous un nouveau stimulant à tenter ce que toutes les commissions du budget qui se sont réunies depuis la dernière guerre ont reconnu de toute nécessité, c'est-à-dire, suivant les expressions de M. Magne, à donner à notre système fiscal l'harmonie et la justice distributive qui lui font défaut.

Le problème ainsi posé nous a paru, au point de vue du législateur, devoir être ainsi étudié :

1° Est-il possible de diviser toutes les sources de revenu imposable en France, de manière à les atteindre toutes sans en négliger aucune ;

2° Est-il possible de négliger les conditions spéciales déjà établies par la loi pour chaque source de revenus et de baser exclusivement l'impôt sur les déclarations contrôlées par l'administration ;

3° Quelles sont les bases à fixer pour chaque source de revenus, de manière à faciliter la transition du régime actuel à un autre plus harmonique et plus juste, visant à la proportionnalité exacte de la contribution directe aux facultés de chacun ?

Nous vous demandons, messieurs, la permission de passer en revue ces trois questions. De leur examen découlera pour vous la compréhension du plan que nous vous proposons de suivre.

PREMIERE QUESTION.

Est-il possible de diviser toutes les sources du revenu imposable en France, de manière à les atteindre toutes, sans en négliger aucune ?

Il ne nous paraît pas que cette classification constitue un obstacle sérieux. Pour être bonne, elle doit sortir de la nature des choses ; il ne peut y avoir d'invention en pareille matière ; la division à adopter est celle qui correspond le mieux aux conditions actuelles de l'état social.

Or, à ce point de vue, il nous paraît d'abord de première nécessité de séparer, dans les revenus des immeubles, les propriétés non bâties, c'est-à-dire la terre qui sous toutes ses formes est destinée à la culture, des propriétés bâties, c'est-à-dire des maisons de tout genre destinées à être louées.

Cette division nous amène à concevoir deux cédules spéciales : l'une, que nous appellerons foncière, serait la représentation de la cote actuelle foncière, dégagée cependant de tout l'élément de la propriété bâtie vouée à la location. L'autre, plus spécialement désignée sous le titre d'immobilière, comprendrait exclusivement la propriété bâtie.

Nous ne demandons rien d'arbitraire en insistant sur la nécessité de cette séparation. Voici comment M. le ministre des finances s'exprime dans l'exposé des motifs du projet de loi sur le renouvellement des opérations cadastrales, présenté à la Chambre, le 23 mars 1876 :

« On est fondé à penser que, dans l'état actuel des choses, les propriétés bâties, dont la valeur s'est accrue plus rapidement que celle des propriétés non bâties se trouve relativement ménagée dans la répartition de la contribution foncière. Cette inégalité, contraire aux principes de la justice distributive, a paru devoir disparaître au double point de vue d'une meilleure répartition des charges publiques et d'un accroissement de produits au profit de l'État. »

C'est donc M. le ministre des finances lui-même qui insiste sur la nécessité d'établir cette séparation. Une évaluation directe du produit de toutes les propriétés bâties louées en France donnerait les meilleurs résultats. Nous ne devons pas oublier que l'administration, par l'enregistrement des baux, a déjà une connaissance très approfondie du revenu de la plus grande partie des immeubles ; elle est aussi depuis de longues années déjà obligée de s'en enquérir pour dresser les rôles de la contribution mobilière et des patentes.

La séparation a existé pendant plusieurs années de 1807 à 1821 : pendant ces quatorze ans, les propriétés bâties aujourd'hui et confondues dans les matrices avec les propriétés non bâties en avaient été isolées. Elle existe d'ailleurs en Belgique, en Hollande et dans beaucoup d'autres États où elle permet aux assemblées législatives d'agir séparément sur chaque catégorie d'immeubles.

Au moyen de la création d'une cédule *immobilière* spéciale, on conçoit qu'il deviendrait aisé de remplacer l'impôt des portes et fenêtres par une contribution assise sur le revenu réel des propriétés bâties.

Aussitôt après les revenus fonciers et immobiliers, viennent les profits industriels et commerciaux. Le système actuel a été entraîné à les frapper sous une forme spéciale ; il a établi la contribution des patentes. Là, au lieu de chercher le chiffre vrai du revenu annuel de chaque industriel ou commerçant, il s'embarque dans une division par classes tout à fait arbitraire, et il prend pour base une présomption qui est bien loin, le plus souvent, de s'accorder avec la réalité. Votre sous-commission n'a pas à étudier la contribution des patentes confiée à l'examen de plusieurs de nos collègues, elle ne l'indique ici que pour rappeler le rang élevé qu'occupent dans l'ensemble général des revenus du pays les produits industriels et commerciaux.

Il va sans dire que, parmi les profits industriels et commerciaux, nous comptons celui du fermier cultivateur qui n'exploite pas ses propres terres, mais prend à bail celles d'autrui, et consacre à leur culture ses capitaux, son bétail et son propre travail.

Il n'est plus possible, depuis la loi du 29 juin 1872, de ne pas faire entrer dans une catégorie à part les revenus de la propriété mobilière ; seulement une logique invincible, du moment où l'impôt s'établit sur l'assiette du revenu, oblige à ne pas laisser de côté les fonds prêtés à l'État. Pourquoi l'argent ainsi employé ne contribuerait-il pas aux charges sociales alors qu'on y fait contribuer l'argent prêté aux communes et aux départements ? La cédule dite moblière doit forcément comprendre les rentes sur l'État, et les revenus payés en France par les mandataires des États étrangers, aussi bien que les revenus de toutes les sociétés qui payent aujourd'hui la taxe du 3 pour 100. . Elle doit aussi comprendre les pensions viagères de toute espèce, celles qui sont payées par l'État comme celles qui sont payées par les compagnies d'assurance et les sociétés financières de toute sorte, ainsi que les revenus annuels quelconques mobiliers payés en exécution de contrats authentiques par l'intermédiaire des officiers ministériels.

Nous aurons enfin atteint toutes les ressources de revenus si, dans une cinquième et dernière cédule, nous inscrivons les revenus provenant des salaires, traitements et honoraires payés pour l'exercice d'une profession quelconque, en même temps que la jouissance personnelle des effets mobiliers et des maisons, parcs et jardins d'agrément. Dans cette cédule figurent le plus grand nombre des revenus qui sont atteints aujourd'hui par la contribution personnelle mobilière. Seulement, comme nous avons assigné à la quatrième cédule le titre de mobilière, nous sommes obligés de donner à celle-ci un titre spécial, et nous l'appellerons personnelle et d'habitation.

Ainsi nous trouvons que, pour frapper tous les revenus, il est nécessaire d'instituer cinq cédules spéciales :

La première A, dite *foncière*, frappant les revenus de tous les fonds de terres, prés, bois, vignes, etc...

La seconde B, dite *immobilière*, frappant les revenus de la propriété bâtie.

La troisième C, dite *industrielle et commerciale*, s'adressant à tous les profits de l'entrepreneur, que ces profits viennent de l'industrie agricole, manufacturière ou commerciale.

La quatrième D, dite *mobilière*, comprenant tous les revenus de la propriété mobilière.

La cinquième E, dite *personnelle et d'habitation*, comprenant d'une part tous les revenus provenant de salaires, traitements et honoraires, et, d'autre part, la jouissance des effets mobiliers, objets d'art, parcs d'agrément et maisons d'habitation ne produisant pas intérêt.

Il nous semble que cette classification répond à tous les besoins si variés de nos sociétés modernes ; elle a surtout ce grand avantage de toucher à toutes les sources de revenus, sans en excepter aucune.

Nous sommes ainsi amenés à aborder la

DEUXIÈME QUESTION.

Est-il possible de négliger les conditions spéciales déjà établies par les lois pour chaque source de revenus, et de baser l'impôt direct sur de simples déclarations contrôlées par l'administration?

Si la moralité publique était arrivée à ce degré que chaque contribuable considérât comme une faute contre l'honneur toute dissimulation de son revenu, et s'abstînt de tout acte qui pourrait diminuer le contingent qu'il a à fournir pour les dépenses sociales, il n'est pas douteux qu'il suffirait d'exiger de chacun une déclaration précise de ses ressources pour établir la cote de sa contribution directe.

Mais nous ne sommes pas encore arrivés à cet état de perfectionnement moral, et quoique l'on puisse espérer qu'avec les progrès de la civilisation il sera possible d'y atteindre un jour, nous devons confesser que nous en sommes encore trop loin. pour que nous osions vous conseiller de fonder sur cette base seule tout notre régime fiscal.

Il y aurait évidemment un trop grand risque à courir pour la société française si, en présence des charges de toute nature qui pèsent sur elle, elle se hasardait à remplacer tous ses impôts directs par une seule nature de contribution, reposant exclusivement sur la déclaration.

Pour que le résultat final ne fût pas inférieur à ce que donnent aujourd'hui les impôts directs, il serait peut-être nécessaire, à cause des fraudes et des dissimulations, d'élever la quotité de l'impôt à un taux qui serait vexatoire pour les plus loyaux et les plus honnêtes.

Il faudrait aussi donner un droit de contrôle très efficace à l'administration, et les formalités à établir pour assuser l'exercice de ce droit donneraient quelque apparence de raison à ceux qui repoussent la déclaration comme pouvant favoriser une inquisition insupportable de l'État, et une intervention fâcheuse dans l'estimation de la fortune de chaque citoyen.

Ces reproches ont été exagérés à la tribune de l'Assemblée nationale par M. Thiers, lorsqu'il était président de la République, et qu'il attaquait les impôts sur le revenu, pour faire accepter son impôt sur les matières premières repoussé par la grande majorité de la nation. Quelque excessifs qu'ils aient été, nous croyons cependant que nous ne devons pas nous y exposer. On pourrait en faire un instrument d'hostilité contre le régime républicain qu'il importe avant tout d'établir solidement en France, et nous nous lancerions de nous-mêmes dans un grave danger qu'il vaut mieux éviter.

Et cependant la déclaration n'est pas une chose nouvelle dans notre législation financière ; en maintes circonstances le législateur l'a adoptée ; ainsi elle intervient dans l'enregistrement des baux, dans les droits de succession. Nul n'a jamais considéré qu'il fût opportun de la négliger, sous prétexte qu'elle constituait une inquisition dangereuse.

Rien n'empêche donc qu'on ne l'emploie dans certains cas où elle est d'une utilité incontestable, et nous vous proposons de l'adopter pour deux de nos cédules à cause de leur caractère spécial. Nous pouvons dans les trois autres maintenir avec avantage les procédés usités aujourd'hui.

Les deux cédules où elle nous paraît intervenir utilement sont la cédule industrielle et commerciale et la cédule personnelle et d'habitation.

Nous n'insisterons pas sur la première, puisque l'étude en est confiée à une sous-commission qui aura probablement cherché à étudier ce point spécial, et pourrait d'ailleurs se maintenir dans la législation actuelle sans pour cela détruire l'économie générale de notre plan. Quant à la seconde, il nous suffira de faire observer qu'elle est susceptible d'un contrôle assez facile. Les salaires, traitements et honoraires dont a profité un contribuable pendant l'année antérieure à celle où il fait sa déclaration peuvent être vérifiés le plus souvent sans soulever de grandes difficultés : tout ce qui est payé par l'État est immédiatement contrôlé ; on peut s'adresser aux établissements, compagnies, sociétés, négociants, industriels qui ont fourni les salaires, traitements et honoraires. Rien de plus simple que de s'enquérir de ce qui a été reçu auprès de celui qui a payé.

Pour les effets mobiliers, objets d'art, il y a les polices d'assurance ; enfin les contrats de vente sont là pour témoigner de la valeur des maisons, parcs et jardins d'agrément.

Le plus souvent les déclarations n'auront pas besoin d'être contrôlées ; mais il suffit qu'on puisse le faire pour qu'elles soient déjà astreintes à se conformer à la réalité.

Notre réponse à la seconde question peut donc se résumer ainsi : Il ne faut pas négliger les conditions actuelles établies par la législation partout où les revenus peuvent être atteints dans la réalité des choses, comme quand il s'agit des revenus fonciers, mobiliers et immobiliers. Quand il est question du profit de l'entrepreneur, de l'exercice d'une profession salariée, de la jouissance des effets mobiliers et des maisons et parcs d'agrément, la déclaration du contribuable, contrôlée par l'administration, devient une nécessité qu'il convient d'inscrire dans la loi.

Ces considérations permettent de préjuger les diverses réponses que nous avons à faire à la troisième question.

TROISIÈME QUESTION.

Quelles sont les bases à fixer pour chaque source de revenus, de manière à faciliter la transition du régime actuel à un autre plus harmonique et plus juste, visant à la proportionnalité exacte de la contribution directe aux facultés de chacun?

Il nous faut passer successivement en revue les diverses cédules.

1° *Cédule foncière* A.

La répartition entre les contribuables de la contribution foncière ayant lieu aujourd'hui au centime le franc du revenu imposable de chacun, il n'est pas nécessaire, pour passer d'un régime à un autre, de toucher dès à présent à la cote foncière. Il est possible de laisser à ceux qui nous succéderont le soin de résoudre tous les difficiles problèmes qui s'y rattachent spécialement : transformation de l'impôt de répartition en impôt de quotité, péréquation, refonte du cadastre, renouvellement des valeurs cadastrales. Toutes les questions ne doivent pourtant pas être ajournées; elles ont besoin d'être dès à présent mises à l'étude. Une commission spéciale a d'ailleurs été chargée par la Chambre de s'en occuper : à elle d'examiner les deux projets de loi présentés sur ces matières par M. le ministre des finances. Nous devons espérer qu'il sortira des délibérations de cette commission quelque résolution qui nous fera faire un progrès réel et dans l'appréciation vraie du revenu foncier aujourd'hui imposable, et dans la péréquation entre les diverses régions dont se compose notre territoire.

Le seul point de vue sous lequel nous ayons en ce moment à considérer la cote foncière, c'est pour demander qu'il soit, dès l'année 1878, procédé à la distraction, dans le contingent foncier de chaque département, d'une somme égale à la part que les propriétés bâties y comptent aujourd'hui pour le revenu cadastral qui leur est afférent. Il ne peut y avoir de difficulté sur ce point. M. le ministre des finances, dans l'exposé des motifs du projet de loi sur le renouvellement des évaluations cadastrales, reconnaît lui-même l'utilité de cette distraction et est le premier à demander qu'elle soit immédiatement effectuée.

2° Cédule immobilière B.

Nous avons demandé au ministre des finances un état exact du revenu réel des propriétés bâties destinées à la location. Cet état ne nous a pas été donné, bien qu'il nous semble qu'avec la loi sur l'enregistrement des baux, avec la nécessité constante de recourir aux loyers soit pour dresser le rôle des patentes, soit pour dresser celui de la contribution mobilière, l'administration devrait être parfaitement en mesure de le fournir.

Il nous est donc impossible de fixer dès à présent la quotité du taux à établir sur le revenu des propriétés bâties : il nous manque pour cela une notion suffisamment approximative du chiffre qu'il atteint dans la réalité, mais nous sommes en droit de demander que cet état soit dressé sans perte de temps ; et en attendant qu'il soit fait et communiqué au pouvoir législatif, il nous semble que le contingent distrait de la cote foncière, ajouté au principal des portes et fenêtres, devrait être considéré comme constituant dès à présent le principal de la Cédule immobilière.

Rien n'empêche de considérer ce principal ainsi formé comme le montant de l'impôt à percevoir sur le revenu du capital immobilier destiné à la location ; pour la répartition, pour les centimes additionnels, on continuera provisoirement à suivre le système pratiqué aujourd'hui. Dès que l'administration aura fourni l'état que nous lui demandons, il suffira d'une simple division pour déterminer en parfaite connaissance de cause le taux qui doit être fixé, c'est-à-dire la quotité susceptible, d'une part, de suppléer aux ressources que perçoit aujourd'hui le Trésor, et, d'autre part, de ne point surcharger outre mesure la propriété.

3° Cédule industrielle et commerciale C.

Nous laissons à la sous-commission chargée de l'examen de la législation sur les patentes le soin de vous dire quelles sont les modifications à introduire dans notre législation pour atteindre tous les profits du commerce et de l'industrie plus équitablement et plus proportionnellement qu'on ne l'a fait jusqu'ici. Par le mot *industrie*, nous entendons tout ce qui est entreprise industrielle sous quelque forme qu'elle se présente, qu'elle soit agricole ou manufacturière.

4° *Cédule mobilière* D.

En ce qui concerne cette cédule, on peut dire qu'il n'y a plus qu'à compléter et à généraliser les dispositions de la loi du 29 juin 1872.

Au moment où cette loi a été rendue, on ignorait encore quelle action elle pourrait avoir sur le marché des capitaux : l'opinion était préoccupée de certaines objections très passionnées qui avaient été faites à la tribune nationale. Il a depuis fallu se rendre à l'évidence : l'application de la loi a été faite, et nous ne nous trouvons plus aujourd'hui qu'en face d'une iniquité résultant de ce que certains revenus mobiliers sont frappés d'une taxe de 3 pour 100, alors que d'autres en sont exempts.

La Chambre, après l'expérience faite, se trouve dans l'obligation d'étendre les conditions de la loi du 29 juin 1872 aux revenus qui ont été indûment exemptés. C'est ainsi qu'il faut frapper de cette taxe de 3 pour 100 les intérêts des fonds d'État nationaux, et ceux qui sont payés en France par les mandataires des États étrangers qui ont émis des emprunts sur notre marché. On ne conçoit pas pourquoi on a laissé de côté les pensions viagères payées soit par l'État, soit par les compagnies d'assurance, soit par toute autre société financière ou industrielle. Pourquoi encore avoir négligé tous les revenus quelconques annuels provenant de prêts de sommes d'argent payées en exécution de contrats authentiques par l'intermédiaire d'officiers ministériels ? Il ne peut y avoir là ni difficulté de perception, ni doute sur le caractère mobilier des capitaux.

En admettant loyalement l'impôt actuel comme une taxe sur tous les revenus mobiliers payés en France, nous nous mettons en dehors de toutes les objections qui ont été faites contre le danger de frapper d'une manière spéciale les titres de la rente française. Nous nous plaçons dans la situation des Anglais, qui ont bien eu soin de ne pas frapper leurs Consolidés d'un impôt spécial, mais n'ont pas manqué d'englober dans l'*income-tax* les revenus qui en proviennent.

Il ne sera nullement difficile de fixer par des règlements d'administration publique la situation spéciale des porteurs de titres non français et non résidant en France pour le payement de leurs coupons, non plus que les moyens d'assurer le recouvrement des sommes dues par les Français et les résidants en France sur les intérêts des fonds étrangers qui leur sont payés sur notre territoire par les mandataires des autres États.

Ce sont là des questions d'administration qui seront facilement résolues dès que le principe supérieur de la taxe sur tous les revenus mobiliers sera inscrit d'une manière générale dans notre législation.

Nous n'oublions pas que l'introduction dans notre régime fiscal de la loi du 29 juin 1872 a soulevé certaines difficultés. Chacun de nous se souvient sans doute des arrêts de la Cour de cassation qui l'ont interprétée, et de l'inquiétude qui s'empara du commerce, menacé de payer une seconde fois, sous forme d'impôt sur le revenu, ce qu'il payait déjà sous forme de patentes. Les difficultés alors soulevées eussent été réellement insolubles, si l'Assemblée nationale ne s'était décidée à interpréter elle-même la loi du 29 juin en admettant la proposition de M. Feray. On sait que cette proposition eut pour résultat d'établir que la taxe de 3 pour 100 ne serait pas applicable aux parts d'intérêt dans les sociétés en nom collectif, et ne s'appliquerait dans les sociétés en commandite dont le capital n'est pas divisé en actions qu'au montant de la commandite.

Dans le régime que nous proposons, l'administration atteindrait, sous forme de profits commerciaux et industriels, tout ce qui lui échapperait à titre de revenu des capitaux mobiliers ; aussi toutes les discussions perdraient-elles le caractère d'aigreur et d'inquiétude qu'elles manifestèrent alors. Nous ne les avons rappelées que pour démontrer que l'établissement de la taxe de 3 pour 100 entraîne comme conséquence nécessaire la modification de la législation des patentes. Nous subissons aujourd'hui l'inconvénient de laisser en dehors de la taxe de

3 pour 100 un grand nombre de capitaux qui devraient payer, parce que nous ne voulons pas frapper une seconde fois celui qui a déjà été atteint par la patente. On sortirait de cette impasse si, au lieu de prendre pour base de cette dernière contribution soit la division par classes, soit la valeur locative, soit le nombre des employés, on admettait franchement la déclaration du revenu réel. Le Trésor tirerait par ce moyen tout l'avantage qu'il est en droit d'attendre de la loi du 29 juin 1872, laquelle a eu la prétention de consacrer à ses besoins tout ce qui doit être demandé aux revenus provenant de la propriété mobilière.

5° *Cédule personnelle et d'habitation, E.*

La contribution personnelle est une capitation ; c'est un impôt établi par tête d'une manière égale pour tous et sans proportion avec la fortune des contribuables ; à ce titre on ne saurait la maintenir dans le nouveau régime fiscal qu'il s'agit d'inaugurer ; il faut franchement conclure qu'elle doit être supprimée.

De même, avec les nouvelles bases à donner aux patentes, avec la généralisation de la taxe de 3 pour 100 sur toutes les valeurs mobilières saisissables, il devient évident que l'ancienne contribution mobilière, portion des revenus mobiliers présumés d'après l'apparence et la valeur locative des habitations, ne peut plus être maintenue.

La nécessité de réformer la contribution mobilière a été indiquée par toutes les personnes qui se sont consacrées sérieusement à l'étude de notre système fiscal.

« Cette contribution, dit M. le marquis d'Audiffret dans son système financier de la France, qui a subi les vicissitudes des circonstances et qui a été soumise à des combinaisons variées, n'a pas encore pu s'asseoir sur des bases aussi certaines et aussi régulières que celles de l'impôt foncier ; quoique beaucoup mieux conçue depuis 1806, elle ne remplit pas les conditions principales de toute imposition directe, celle de proportionner les taxes aux facultés réelles des redevables. »

« Ce qui existe, dit M. de Girardin dans son livre sur l'impôt, ne vit qu'au mépris des principes et des intentions proclamées en 1870 par l'Assemblée constituante ; c'est la violation de toutes les promesses solennelles faites à cette époque. »

Dans la dernière Assemblée, plusieurs propositions ont été faites au sujet de cette contribution. Elle a été l'objectif de la plupart des réformateurs ; ils comprenaient généralement qu'il y a là dans notre organisation un vice radical, et ils voulaient le faire disparaître. Mais ils ont été tous embarrassés par la difficulté qu'il y a à entamer le problème par un seul côté, alors qu'il ne peut être résolu qu'en l'abordant dans son entier, comme nous l'entreprenons aujourd'hui.

Parmi les propositions auxquelles nous faisons allusion, il en est une qui a été présentée par MM. Houssard et Louis Passy, personnes dont la compétence en matière de finances ne saurait être niée. M. Louis Passy occupe aujourd'hui au ministère des finances les fonctions de sous-secrétaire d'État. Cette situation donne à ses vues et à ses opinions une valeur indiscutable. Or c'est à ces deux réformateurs que nous empruntons le titre de la cinquième cédule restant à créer pour parfaire notre organisation. Comme nous, ils ont senti la nécessité, après avoir atteint les revenus fonciers, immobiliers, industriels, commerciaux et mobiliers, que l'État prélevât aussi une part soit sur les revenus des capitaux personnels, soit sur la jouissance des effets mobiliers accumulés dans les habitations, aussi bien que des parcs et maisons d'agrément.

Enfin votre commission a été saisie par M. Guichard d'une proposition de loi ayant pour objet de changer la base de la contribution mobilière actuelle : nous empruntons à cette proposition certains détails dont la sagesse nous a paru évidente, et l'utilité certaine.

Dans notre civilisation très compliquée, il arrive chaque jour que les familles consacrent une grande partie de leurs ressources à donner à un ou à plusieurs de leurs membres des connaissances spéciales, d'une acquisition très difficile et très longue, pour exercer telle ou telle profession. Elles créent alors ce que les économistes appellent souvent du nom de *capital intellectuel,* et ce qui mériterait plutôt d'être appelé *capital personnel.* Quand la loi cherche à atteindre toutes les sources de revenus, elle ne saurait négliger celle-là, qui d'ailleurs ne peut aller qu'en progressant d'après la direction générale prise par nos sociétés modernes. Une place devait lui être réservée dans notre organisation, et nous aurions commis une faute à ne pas la lui assigner.

C'est d'ailleurs uné des parties les plus considérables de la population qui est appelée par cette taxe à payer sa part des dépenses sociales. On ne comprendrait pas, dans un pays de suffrage universel, que tous ceux qui vivent de salaires, de traitements, d'honoraires, ne fussent pas directement taxés en raison même des ressources qu'ils puisent dans l'exercice de leur profession.

La participation du travailleur à l'impôt direct est une conséquence naturelle de la jouissance et de l'exercice des droits politiques ; il ne peut y avoir d'exception que pour celui qui est obligé de recourir à l'assistance publique.

La base rationnelle de l'impôt personnel étant ainsi établie, il reste à déterminer comment il pourrait être appliqué par l'administration.

Nous croyons ici qu'il faut, comme pour les profits industriels et commereiaux, admettre le principe de la déclaration.

Chaque contribuable, Français ou étranger résidant en France, devra, dans la première quinzaine du mois de janvier, signer une déclaration des salaires, traitements et honoraires qu'il aura réalisés par son travail pendant l'année précédente.

Un minimum sera établi pour déterminer la somme nécessaire aux besoins de la vie dans chaque département ; la quotité de ce minimum entre deux chiffres donnés à l'avance par la loi pourrait être fixée par les conseils généraux, de la même manière qu'ils déterminent aujourd'hui le prix de la journée de travail.

Une commission de contrôle, par arrondissement, constaterait l'exactitude des déclarations, les rectifierait et, au besoin, taxerait d'office. On pourrait appeler devant les tribunaux en revision de ces taxations.

La même déclaration contiendrait le chiffre auquel chaque contribuable estime lui-même la valeur des objets mobiliers qu'il possède dans son habitation ; nous disons le capital lui-même, et non le revenu, puisque celui-ci consiste dans la jouissance seule de ces mêmes objets.

Il estimerait de la même manière tous les objets d'art, les maisons, parcs et jardins exclusivement construits dans un but d'agrément.

Toutes les déclarations relatives à l'évaluation des objets mobiliers, objets d'art, parcs, jardins et maisons d'agrément, seraient contrôlées par la même commission déjà chargée de contrôler les déclarations relatives au revenu professionnel.

Un règlement d'administration publique déterminerait les présomptions légales que ladite commission pourrait tirer du chiffre du loyer et des polices d'assurance pour apprécier les déclarations.

L'accès du foyer domestique continuerait à être interdit aux représentants du fisc, comme il l'est aujourd'hui.

Les peines et amendes que la loi établirait pour assurer la sincérité des déclarations ne pourraient être appliquées que par les tribunaux. Eux seuls auraient qualité pour ordonner l'expertise.

Dans les objets mobiliers ne seraient pas compris les outils et instruments de travail, la monnaie, le bétail, les produits du sol et les marchandises en magasin concernant le commerce et l'industrie à propos desquelles le possesseur serait déjà assujetti à la troisième cédule C.

Quel serait l'ensemble des revenus professionnels indiqué par la déclaration ?

Quel serait le chiffre total des valeurs déclarées pour constituer le montant de la cédule d'habitation ?

Ce sont deux inconnues à dégager ; fixer, avant de les connaître, la quotité de la taxe à percevoir serait s'aventurer d'une manière dangereuse. Nous ne croyons pas devoir nous y hasarder : mais en même temps il ne nous semble pas qu'il puisse y avoir d'objection sérieuse à percevoir provisoirement la contribution personnelle et d'habitation sous forme d'impôt de répartition.

On peut prendre le chiffre actuel de la contribution personnelle mobilière, et le répartir entre les départements au prorata de l'ensemble des déclarations de chacun d'eux.

La distribution continuerait à se faire entre les arrondissements et les communes, d'après l'ensemble de leurs mêmes déclarations : on parviendrait ainsi jusqu'au contribuable, qui pourrait être imposé au centime le franc des revenus et des valeurs déclarés.

Il ne faudrait pas longtemps de ce régime provisoire pour mettre le législateur et l'administration en état de calculer le tant pour cent sur les salaires, et le tant pour mille sur les valeurs déclarées qu'il conviendrait d'assigner à la contribution personnelle et d'habitation.

On voit, par l'analyse de ces cinq cédules, comment nous arrivons à transformer les quatre contributions directes en un impôt sur le revenu. Le moment est venu de jeter maintenant un coup d'œil sur les contributions indirectes.

DEUXIÈME PARTIE.

Des dégrèvements successifs à opérer dans les contributions indirectes.

En adoptant l'amendement de M. Guyot qui tend à ramener la taxe sur le sel à 10 francs les 100 kilogrammes, et abroge l'article 6 de la loi du 2 juin 1875, la commission n'a pas entendu seulement proposer à la Chambre une réforme spéciale dont l'utilité lui était démontrée ; elle a eu un but plus élevé.

Elle a voulu que, dans le budget de 1877, le premier budget voté par la Chambre actuelle, le principe du dégrèvement sur les taxes indirectes votées par l'Assemblée nationale fût expressément consigné.

Et, en effet, nous ne pouvons nous faire illusion sur la tâche qui nous est imposée ; à côté d'une meilleure distribution de l'impôt direct, nous avons aussi à soulager le pays évidemment écrasé sous le grand nombre de taxes indirectes que la dernière Assemblée s'est crue obligée à établir.

Nous n'avons pas à revenir sur les déclarations de M. Wolowski, le rapporteur de la dernière commission du budget de l'Assemblée nationale : nous les avons reproduites plus haut. Elles suffisent à démontrer qu'avant de se séparer cette commission eut la conscience du devoir qui allait incomber aux nouveaux législateurs, de modifier une partie de son œuvre.

Nous manquerions à l'un des points les plus essentiels du programme que nous avons à remplir, si nous ne persévérions dans la ligne que nous nous sommes tracée lorsque nous avons proposé à la Chambre la réduction de l'impôt sur le sel.

S'il est évident que le maintien de l'équilibre budgétaire, qui est le premier de nos devoirs, nous interdit de supprimer inconsidérément une ressource quelconque du Trésor avant de l'avoir utilement remplacée, il est non moins certain que nous avons l'obligation de consacrer à la suppression de certaines taxes indirectes, avant de les employer à l'amélioration des services publics, toutes les économies que nous pouvons réaliser, ainsi que toutes les ressources nouvelles que nous pourrons créer.

Il ne saurait nous convenir de critiquer aucune des taxes dont profite aujourd'hui le Trésor; ces critiques, possibles dans la bouche de tout député qui représente une des parties de la population particulièrement frappée, ne seraient pas à leur place dans la bouche du rapporteur d'une commission financière qui doit être surtout dominée par le point de vue fiscal.

Il ne faut pas, d'ailleurs, qu'aucune de nos paroles puisse gêner le recouvrement de taxes pouvant encore pendant quelque temps être jugées nécessaires.

Nous devons cependant éviter, au moment où nous soumettons aux délibérations de la commission un système de réforme de l'impôt direct qui peut augmenter dans une certaine proportion les ressources du Trésor, que la plus-value que nous créerons puisse être autrement employée qu'en un dégrèvement des taxes les plus lourdes. Autrement nous manquerions tout à fait au plan que nous nous sommes tracé. Il doit être expressément établi que les mesures proposées ne doivent jamais servir à accroître la part que prend déjà le fisc dans les ressources générales de la nation. Elles doivent servir à diminuer dans une certaine proportion la cherté de la vie, à rendre plus d'élasticité à la consommation aujourd'hui restreinte par des prix déjà trop élevés, à favoriser enfin la circulation, aujourd'hui malheureusement gênée en trop de circonstances.

L'opinion publique, par exemple, est unanime à demander la suppression de l'impôt de 5 pour 100 sur la petite vitesse. Il a fallu, vous le savez, tout notre ardent désir de présenter à nos collègues le budget en équilibre, pour que nous ayons consenti à en proposer le recouvrement pour 1877. Il est bien entendu que la première plus-value que l'on obtiendrait, par exemple, de la généralisation de la taxe de 3 pour 100 à la rente et aux fonds étrangers devrait être employée à la suppression de cet impôt qui pèse sur toutes les iudustries, et particulièrement d'une manière si fâcheuse sur celles qui, comme l'industrie agricole, par exemple, opèrent sur des matières encombrantes.

Le Nord et le Midi sollicitent tous deux avec une égale insistance, le premier la suppression de la taxe sur la chicorée, le second la suppression de celles qui frappent les huiles et les savons. Il ne sera pas longtemps possible aux pouvoirs publics de résister aux réclamations que font entendre des centres aussi importants que Lille et Marseille : après l'impôt de là petite vitesse, ce sont ces impôts qu'il faudrait faire disparaître avec les ressources provenant de nos réformes.

Viendraient ensuite sur une même ligne les taxes sur le papier, les bougies, les vinaigres ; il y aurait là une nouvelle série à éliminer, et ces ressources permettraient sans doute encore de le faire.

Il resterait, ces premiers dégrèvements accomplis, à opérer des réductions sur le tarif actuel des sucres et télégraphes, des lettres, des vins, des alcools, tarif évidemment trop élevé, et apportant par ses excès une très grande gêne aux progrès de la consommation. Mais ce serait entrer trop avant dans le domaine de l'hypothèse que de prétendre calculer à l'avance les conséquences d'une réforme dont toutes les bases ne peuvent être fixées à présent.

Il faut connaître auparavant les résolutions que la commission voudra prendre sur les divers points que nous soumettons à votre examen. De la nature de ces résolutions dépend le plus ou moins de ressources dont nous pourrons disposer pour opérer des dégrèvements reconnus indispensables.

Nous espérons d'ailleurs qu'on saura aussi leur destiner toutes les sommes que la conversion et la plus-value du produit de nos contributions pourraient faire entrer dans les caisses du Trésor.

Quelque difficile que soit le problème d'arriver à diminuer le chiffre de nos contributions indirectes, il n'est pas insoluble. Pourvu que la tâche soit entreprise avec résolution, on peut arriver à un résultat important pour le budget de 1878, de même que, malgré les difficultés de tout genre au milieu desquelles nous nous débattions, nous avons pu, pour 1877, proposer à la Chambre la réduction de la taxe sur le sel.

En conséquence, messieurs,

Dans le but de tendre à l'établissement d'un système financier plus harmonique, plus juste que le système actuel ;

Dans le but de proportionner autant que possible l'impôt direct aux facultés réelles de chaque contribuable ;

Nous vous proposons de soumettre à la Chambre des députés la proposition de loi suivante :

PROPOSITION DE LOI.

ARTICLE PREMIER.

Un crédit de 2 millions de francs est ouvert au ministère des finances pour opérer dans les pièces cadastrales la séparation des propriétés bâties et des propriétés non bâties : ladite somme sera inscrite au budget de 1877, sous un chapitre spécial (55 *ter*) qui aura pour titre :

Frais de remaniement des pièces cadastrales.

ART. 2.

Dans le budget de 1878, un contingent distinct devra être affecté pour les propriétés non bâties et pour les bâties.

Le titre de contingent foncier sera réservé à celui des propriétés non bâties.

ART. 3.

Le contingent des propriétés bâties prendra le titre d'immobilier ; il sera formé de la partie distraite du contingent de l'impôt foncier, à laquelle on ajoutera le principal actuel de l'impôt des portes et fenêtres.

Cette contribution, dite *immobilière,* sera perçue comme impôt de répartition de la même manière que l'est l'impôt foncier. La distribution en sera faite entre les contribuables de chaque commune spécialement portés sur un état des propriétés bâties, destinées à la location immobilière, état qni sera dressé dans chaque commune.

Art. 4.

Un projet de loi spécial sera présenté par M. le ministre des finances dans le but :

1° De réglementer les conditions spéciales de répartition et de perception de cet impôt, tant qu'il aura le caractère d'impôt de répartition ;

2° D'organiser dans chaque commune un état des propriétés bâties, dressé de telle sorte que le revenu imposable se confonde avec le revenu réel, déduction faite d'un tantième pour les frais d'entretien ;

3° De proposer la transformation de cet impôt de répartition en impôt de quotité, pour le jour où le taux pourra être fixé par le pouvoir législatif, après que l'état général du revenu imposable de la propriété bâtie en France lui aura été communiqué.

Art. 5.

Les usines, hangars, magasins, boutiques et chantiers qui ne sont pas loués, mais utilisés par les propriétaires eux-mêmes dans un but industriel et commercial, ne seront pas soumis à la contribution immobilière.

Les revenus que ceux-ci pourront en tirer par le fait de leur exploitation seront atteints par l'impôt au moyen de la contribution industrielle et commerciale, établie au lieu et place de l'impôt des patentes.

La contribution commerciale et industrielle est assise sur les profits du commerce et de l'industrie, d'après les déclarations préalables de chaque entrepreneur sur ses profits pendant l'année antérieure.

Un projet de loi spécial déterminera comment cette contribution remplacera l'impôt actuel des patentes.

Art. 6.

Les dispositions de la loi du 29 juin 1872, établissant une taxe aunuelle et obligatoire de 3 pour 100 sur certains revenus mobiliers, sont étendues :

1° Aux intérêts de tous les fonds d'État nationaux ;

2° Aux intérêts de fonds d'Etat payés en France pour le compte des gouvernements étrangers ;

3° Aux pensions viagères payées soit par l'État, soit par les compagnies d'assurance, soit par les sociétés industrielles ;

4° Aux revenus annuels mobiliers quelconques, payés en exécution de contrats authentiques par l'intermédiaire des officiers ministériels.

Art. 7.

Des règlements d'administration publique fixeront :

1° Les conditions au moyen desquelles les étrangers seront admis à prouver qu'ils sont légitimes propriétaires de titres de rente, et que, ne résidant point sur le territoire français, ils n'ont pas à contribuer aux charges de l'État ;

2° Les formalités au moyen desquelles devront être accrédités auprès du gouvernement français les mandataires chargés par les États étrangers de faire les payements réguliers d'intérêt pour les emprunts émis sur nos places ;

3° Le mode d'après lequel la taxe de 3 pour 100 sur les pensions viagères et les revenus mobiliers de tout genre devra être perçue pour le compte de l'État par les diverses compagnies, sociétés et officiers ministériels sous leur responsabilité, au moment où ils en effectueront le payement.

Art. 8.

Une loi réglera la transformation de l'impôt personnel actuellement assis sur la tête de chaque citoyen et fixé à trois journées de travail en un impôt sur les salaires, traitements et honoraires, proportionnel au revenu que tout contribuable, non entrepreneur, tire de l'exercice de sa profession.

La même loi réglera la transformation de la contribution mobilière actuelle en une taxe assise sur les objets mobiliers quelconques réunis par chaque contribuable dans ses habitations, en même temps que sur ces habitations, parcs et jardins, quand les unes et les autres ne servent pas à la production agricole, industrielle ou commerciale, qu'ils ne sont pas loués et ne servent qu'à l'agrément de leurs propriétaires.

Ces deux impôts, réunis en une seule contribution sous le titre de personnelle et d'habitation, seront établis sur la déclaration du contribuable, contrôlée par une commission de contrôle.

Ladite déclaration portera d'une part sur le revenu annuel obtenu par le contribuable, dans l'année antérieure, et d'autre part sur la valeur des objets mobiliers accumulés par lui dans son habitation, et de cette même habitation quand elle est d'agrément.

Les conseils généraux seront appelés chaque année, entre un maximum et un minimum donnés par la loi, à désigner dans chaque département la somme nécessaire pour faire face aux nécessités de la vie, et celle qui représente le matériel indispensable. Ces deux sommes ne seront pas soumises à l'impôt.

ART. 9.

La quotité de la contribution personnelle et d'habitation ne pouvant être sérieusement établie avant que soit connu l'ensemble des déclarations, une loi fixera comment cette contribution sera provisoirement perçue sous forme d'impôt de répartition.

Le principal actuel de la contribution personnelle mobilière sera réparti par cette loi entre les départements au prorata de l'ensemble des déclarations de chacun d'eux.

ART. 10.

Tous les accroissements de ressources dépassant le montant des quatre contributions directes perçu en 1876, et provenant de leur transformation, seront dès à présent consacrés à la suppression ou au dégrèvement des taxes indirectes dans l'ordre suivant :

1° Suppression de la taxe sur la petite vitesse ;

2° Suppression des taxes sur la chicorée, les huiles et les savons ;

3° Suppression des taxes sur le papier, les vinaigres, la bougie et la stéarine ;

4° Réduction de droits sur les sucres, les lettres et les dépêches télégraphiques, les vins et les alcools.

M. le ministre des finances devra, sous sa responsabilité expresse, présenter aux Chambres un ou des projets de loi sur ces suppressions ou dégrèvements, au fur et à mesure qu'une quantité équivalente au produit qu'on retire de l'une ou l'autre de ces taxes aura été assurée au Trésor par la mise en œuvre de l'une quelconque de ces dispositions.

ANNEXE N° 2.

TABLEAU DES CAPITAUX CONFIÉS A L'ÉTAT AU 1ᵉʳ JANVIER 1883.

1° TRÉSOR.

Fonds des communes..............................	202 125 000
Ville de Paris	65 000 000
Établissements publics	65.119 600
Invalides de la marine........................	4 172 000
Tontines, fondations d'instruction publique, pompes funèbres	234 200
Cautionnements en numéraire..............	312 238 369
Service local des colonies..................	20 257 001
Caisse de réserve des colonies..............	2 909 812
Fonds de concours pour dépenses d'intérêt public..............................	16 207 648
	688 263 630

2° CAISSE DES DÉPOTS ET CONSIGNATIONS.

1ʳᵉ SECTION. — *Épargne et prévoyance.*

Dépôts volontaires......................	9 500 000	
Caisses d'épargne privées..............	1 771 000 000	
Caisse postale........................	45 800 000	
Sociétés de secours mutuels............	46 000 000	
	1 872 300 000	1 872 300 000

2ᵉ SECTION. — *Dépôts obligatoires.*

Consignations judiciaires et administratives	414 000 000	
Cautionnements de soumissionnaires de travaux, fournitures et marchés	18 000 000	
Dépôts d'établissements publics.........	15 000 000	
	447 000 000	447 000 000
A reporter.......		2 319 300 000

Report.......... 2 319 300 000

3ᵉ SECTION. — *Assurances.*

Caisse des retraites.................... 520 000 000
Caisse des allocations au décès 60 000
Caisse des accidents.................... 3 500 000

523 560 000   523 560 000

4ᵉ SECTION. — *Subventions à répartir et divers.*

Dotation de l'armée................ ⎫
Légion d'honneur.................. ⎪
Offrandes nationales.............. ⎬ *Mémoire.*
Chemins vicinaux.................. ⎪
Caisse des collèges, lycées et écoles.. ⎭

2 842 860 000

ANNEXE N° 3.

TABLEAU DÉMONTRANT COMMENT SONT EMPLOYÉS
LES CAPITAUX CONFIÉS A L'ÉTAT.

1° *Découverts du Trésor.*

Les découverts du Trésor, antérieurs à l'année 1852, s'élèvent à..................	672 750 897
Les découverts de 1852 à 1869 s'élèvent à..	53 244 149
Les découverts non réglés de 1869 à 1883 montent à..........................	83 219 614
Total des découverts........	809 214 660

2° *Compte courant avec le Trésor de la Caisse des dépôts et consignations.*

(Tableau de la dette flottante au 1er janvier 1883; budget de l'exercice 1884.)

Compte courant de la Caisse des dépôts et consignations..................	312 442 200	
Compte des fonds non employés des caisses d'épargne........................	878 954 200	
Compte de fonds non employés de la caisse d'épargne postale	9 148 100	
	1 200 544 500	1 200 544 500

Nota. — Nous négligeons 6 093 200 de la Caisse de dotation de l'armée, parce que nous n'avons pas fait figurer les capitaux de cette caisse parmi ceux qui étaient confiés à l'État volontairement ou obligatoirement.

3° *Achats de rente faits pour le compte des déposants des caisses d'épargne*
au 31 décembre 1881.

(Rapport de la commission de surveillance sur les opérations de l'année 1881.)

	Coût.	Rentes.
Rente 5 pour 100	126 397 156	6 207 418
Rente 4 1/2 pour 100.	99 352 093	4 676 398
Rente 4 pour 100	547 492	21 020
Rente 3 pour 100	1 437 040	51 435
Rente 3 pour 100 amortissabte .	182 586 728	8 142 390
	410 320 509	19 098 661
		410 320 509

4° *Achats de rente faits pour le compte de la Caisse des retraites*
au 31 décembre 1881.

(Rapport de la commission de surveillance de la Caisse des dépôts
sur l'exercice 1881.)

	Coût.	Rentes.
Rente 5 pour 100	185 258 644	8 399 467
Rente 4 1/2.	24 679 167	1 139 550
Rente 4 pour 100.	2 076 294	94 007
Rente 3 pour 100.	38 697 463	1 658 000
	250 711 568	11 291 024

Nota. — Il importe de constater que, en sus de ces rentes, la Caisse
des dépôts avait acheté 9 748 060 francs de rentes, qu'elle a transférées
à la Caisse d'amortissement et qui ne figurent plus dans son portefeuille.
En échange de ces rentes perpétuelles, qui ont été annulées, l'État s'est
engagé à payer un certain nombre de pensions viagères. Les rentes
annulées représentent un capital d'achat de 219 899 533 francs.

5° *Résumé général des opérations de prêts de la Caisse des dépôts*
du 1er janvier 1822 au 31 décembre 1881.

Sommes prêtées.	663 933 801
Sommes remboursées.	549 544 186
Opérations en cours.	114 389 615

RÉSUMÉ.

1° Découverts du Trésor 809 214 661
2° Compte courant dont la consolidation en
    amortissable est autorisée 1 200 544 500
3° Achats de rente pour le compte des dé-
    posants aux caisses d'épargne 410 320 509
4° Achats de rente pour le compte des dé-
    posants à la Caisse des retraites......   250 711 568
5° Prêts de la Caisse des dépôts 114 389 615

                                               2 785 180 853

Paris. — Typographie A. Hennuyer. rue Darcet, 7.